Nordseeküste Niedersachsen

Nicoletta Adams · Claudia Banck

W0087137

▶ Dieses Symbol im Buch verweist auf den großen Faltplan!

direkt

Moin, moin! – Willkommen

Unterwegs an der Nordseeküste Niedersachsen

Die Nordseeküste 15 x direkt erleben

Moin, moin!
Unser heimliches Wahrzeichen

Der Fischereihafen Neuharlingersiel wirkt auf den ersten Blick verträumt, doch beim Einlaufen der Krabbenkutterflotte erwacht der malerische Sielhafen zu geschäftigem Leben. Krabben werden ausgeladen und angeboten, Decks geschrubbt und Netze geordnet. Man flaniert um das Hafenbecken und startet zu Angelfahrten oder Ausflügen zu den Seehundsbänken.

Moin, Moin!

Die niedersächsische Nordseeküste gilt nach wie vor als Geheimtipp für Menschen, die Ruhe und einen weiten Horizont suchen, die sich Zeit nehmen, die liebenswerte Art der Küstenbewohner kennen zu lernen.

Ursprünglich wurde an der Küste friesisch gesprochen. Seit dem Ende des 14. Jh. setzte sich jedoch das Niederdeutsche durch, aus dem sich ein mit friesischen und niederländischen Wortformen angereichertes Platt entwickelt hat.

Moin! erklingt zu allen Tageszeiten. Es entstand aus dem Gruß »Ik wünsch Di een moien Dag!«, d. h. schönen Tag. Moin, Moin – könnte es ein netteres Willkommen geben?

»Gott schuf das Meer, der Friese die Küste«

Dieses stolze Friesenwort hat durchaus seine Berechtigung. Ohne Deichbau und Landgewinnungsmaßnahmen würde das Meer auch heute noch mit unzähligen Buchten und Prielen tief ins Land eingreifen, stünde ein Großteil des Küstenlandes bei höherer Flut unter Wasser.

Ein Netz von Entwässerungsgräben und schiffbaren Kanälen erschloss das Binnenland, das über kein nennenswertes Straßennetz verfügte – heute ein Traumrevier für Angler und Paddler.

Die gesamte Küste ist mit malerischen Sielhäfen ›gespickt‹, einst Heimat prächtiger Segelschiffe, die die Weltmeere befuhren. Die Zeiten der Windjammer sind vorbei, doch zu den zahlreichen Regatten und Hafenfesten tauchen sie wieder auf.

Zwischen Elbe- und Wesermündung

Cuxhaven (▶ H/J 2) und **Bremerhaven** (▶ H 4/5) liegen wie die beiden großen Seestädte, Wilhelmshaven und Emden, an der **Störtebekerstraße** – allesamt keine Bilderbuchstädte. Im Zweiten Weltkrieg schwer zerstört, haben sie kaum gemütliche Altstadtkerne aufzuweisen. Sie überraschen jedoch mit einem vielseitigen kulturellen Angebot sowie für Entdecker konzipierten Museen: Das **Klimahaus** und der **Zoo am Meer** in Bremerhaven oder das **Wrackmuseum** in Cuxhaven.

Eine Attraktion sind ihre **Häfen,** in die Frachter, Öltanker und Containerriesen einlaufen. Die meist befahrenen Schifffahrtslinien der Welt liegen gleich vor der Haustür. Beide Städte blicken auch auf eine lange Tradition als Auswandererhäfen zurück; heute sind sie Station für große Kreuzfahrtschiffe.

Ein Ausflug nach **Helgoland** gehört unbedingt ins Ferienprogramm: Auf Deutschlands einziger Hochseeinsel atmet man die reinste Luft.

Rund um den Jadebusen

Warf(t)en prägen bis heute die weiten Marschen, Landschaften wie Butjadingen und das Wangerland, deren sanfte Schönheit sich am ehesten beim Wandern oder Radfahren offenbart.

Die meerbezogenen Museen der Marinestadt **Wilhelmshaven** (▶ F 4), der Künstlerort **Dangast** (▶ F 5) wie auch der malerische Sielhafen **Fedderwardersiel** (▶ G 4), in dem noch ein Dutzend Fischkutter beheimatet sind, gehören zu den Highlights der Region um den Meeresbusen.

Ostfrieslands Küste – der Norden

Auch den nördlichen Küstenstreifen von **Carolinensiel** (▶ D 3) bis Norden prägen die hübschen Sielhäfen. Es warten aber auch alte Häuptlingsstädte wie **Esens** (▶ C 3), **Dornum** (▶ C 3) und **Norden** (▶ A/B 4), Ostfrieslands Tee-Zentrum, auf Entdeckung.

Endlose Deiche schützen das Hinterland vor der rauen Nordsee. Manch einer, der zum ersten Mal hierher kommt, ist enttäuscht, wenn er das Meer nicht vorfindet. Nur Geduld: Das **Wattenmeer** bietet Abwechslung bei einer Wattwanderung, und Baden kann man auch, regelmäßig alle sechs Stunden.

Reizvoll sind Tagesausflugsfahrten zu den **Ostfriesischen Inseln** (▶ A–E 2/3) mit ihren weiten Stränden und der erholsamen Abgeschiedenheit. Sie gehören zum **Nationalpark Niedersächsisches Wattenmeer,** der zum Schutz einer unvergleichlichen Natur geschaffen wurde. Die damit verbundenen Einschränkungen und Verbote führen zwar immer wieder zu Konflikten zwischen Naturschützern und Küstenbewohnern, trotzdem ist man sich darüber einig, dass nur eine intakte Umwelt Grundlage für den Fremdenverkehr sein kann, sie ist das Kapital der Küstenregion schlechthin.

Ostfrieslands Küste – der Westen

Die Handelsmetropole **Emden** (▶ A/B 5) zählt zu den wichtigsten Seehäfen Deutschlands und bildet damit das wirtschaftliche Zentrum Ostfrieslands. Mit dem **Landesmuseum,** der **Johannes a Lasco Bibliothek** und vor allem der **Kunsthalle** ist die Stadt inzwischen auch in den Mittelpunkt des Kulturgeschehens gerückt.

An der Küste trifft man auf besondere Highlights: Das malerische **Greetsiel** (▶ A 4) mit seinen Zwillingsmühlen und Ottos gelb-rot geringeltem Leuchtturm im nahen Pilsum sowie das Kunst- und Kulturparadies **Krummhörn** (▶ A 3) mit den Warfendörfern, Gulfhöfen und Kirchen. Diese mächtigen Gotteshäuser dienten früher auch als Zufluchtsort im Fall einer Sturmflut oder eines feindlichen Angriffs, heute überraschen sie mit berühmten Orgeln aus der Zeit vor 1850.

Unterwegs am Rand des Weltschifffahrtsweges – Wattwanderer in Cuxhaven

Ebbe und Flut

Der ewige Wechsel von Ebbe und Flut bestimmt das Leben an der Küste. Schon der römische Geschichtsschreiber Plinius der Ältere (23–79 n. Chr.) staunte: »Hier überflutet der Ozean zweimal binnen Tag und Nacht in ausgebreiteter Flut einen unermesslichen Landstrich und verursacht einen ewigen Streit der Natur, so dass man nicht weiß, ob diese Gegend zum festen Lande oder zum Meere gehört«.

Die Gezeiten (auch Tiden genannt) bestimmen den Lebensrhythmus an der Nordseeküste. Alle 6 Stunden und 12 Minuten läuft das Wasser ab (Ebbe) und wieder auf (Flut). Addiert man die zwei Tiden, so kommt man auf 24 Stunden und 50 Minuten, der Gezeitenwechsel verschiebt sich täglich also um eine knappe Stunde.

Ursache für die Auf- und Abbewegung des Wassers ist die Fliehkraft der Erde und die Anziehungskraft von Mond und Sonne. Je nach deren Stellung zueinander verstärken oder verringern sich die Gezeiten.

Zu einer Springtide, also einer besonders hohen Flut, kommt es, wenn bei Voll- oder Neumond Sonne, Mond und Erde auf einer Linie stehen. Bei Halbmond, wenn Sonne und Mond von der Erde aus im rechten Winkel zueinander stehen, wirkt die Anziehungskraft der Sonne der des Mondes entgegen, es kommt zur so genannten Nipptide, bei der das Hochwasser niedriger als normal ausfällt.

Den Höhenunterschied zwischen Niedrig- und Hochwasser nennt man Tidenhub. Er ist unterschiedlich groß. An der ostfriesischen Küste beträgt er zwischen 2,4 und 2,8 m, am Jadebusen zwischen 2,9 und 3,7 m, an der Wesermündung zwischen 2,8 und 3,4 m.

Nationalpark Wattenmeer

Die Nationalparks Niedersächsisches und Hamburgisches Wattenmeer sind in drei Zonen eingeteilt:

Die Ruhe- und die Zwischenzone dürfen nur auf ausgewiesenen Pfaden betreten werden. Die Erholungszone mit Badestränden und Kureinrichtungen ist frei zugänglich.

Nationalparkhäuser und -zentren an der niedersächsischen Nordseeküste mit umfangreichen Informationen über das Wattenmeer gibt es in: Cuxhaven, Dorum-Neufeld, Fedderwardersiel, Dangast, Sande, Wilhelmshaven, Wangerland, Carolinensiel, Dornumersiel, Norddeich, Greetsiel (Adressen s. einzelne Orte oder im Internet unter www.wattenmeer-nationalpark.de).

Von der Vielfalt hoch spezialisierter Lebewesen, die das Watt bevölkern, ist für den unerfahrenen Wattwanderer wenig zu sehen. Die Teilnahme an einer geführten Wattwanderung öffnet einem Herz und Augen für die graue, nur scheinbar leblose Schlickwüste.

Zu Gast im Nationalpark

– Beachten Sie ausgeschilderte und abgezäunte Brut- und Rastgebiete und Schutzzonen des Nationalparks.
– Verlassen Sie nie die ausgewiesenen Wege.
– Halten Sie stets mindestens 500 m Abstand von Vogelansammlungen und den Seehundliegeplätzen.
– Betreten Sie keine Salzwiesen.
– Pflücken Sie keine Pflanzen.

Die Dünenlandschaft auf Norderney ist in verschiedene Schutzzonen eingeteilt

– Halten Sie Hunde immer an der kurzen Leine!
– Nehmen Sie kein verlassenes Seehundbaby mit, sondern verständigen Sie Mitarbeiter der Seehundaufzuchtstation in Norddeich, die Naturschutzorganisationen oder Kurverwaltungen vor Ort.

Küstenschutz

Die ersten Deiche waren von Hand aufgeworfene, niedrige Erdwälle. Daraus haben sich mittlerweile breite Deichkörper entwickelt, die mit flachen Außen- und Innenböschungen die Macht der heranbrechenden Wellen nicht plötzlich stoppen, sondern sie allmählich auslaufen lassen.

Nur mit einem Verstärken der Deiche ist es jedoch nicht getan. Durch den Treibhauseffekt steigt der Meeresspiegel viel schneller als erwartet, die Häufigkeit der Orkanfluten nimmt zu. Eine verschwenderische Energiewirtschaft forciert den Treibhauseffekt und damit das Schmelzen der Polkappen.

Deutsche Gesellschaft zur Rettung Schiffbrüchiger (DGzRS)

Am 6. November 1854 strandete das vollbesetzte Auswandererschiff Johanne auf seiner Fahrt von Bremerhaven nach Baltimore am Nordstrand von Spiekeroog. Von den 230 Menschen an Bord überlebten nur 150 die Katastrophe. Dieses furchtbare Unglück ließ den Ruf, Rettungsstationen entlang der Küste zu schaffen, noch lauter und dringlicher werden. Der Emder Georg Breusing gründete den Verein zur Rettung Schiffbrüchiger in Ostfriesland, der 1865 mit anderen Rettungsvereinen zur Deutschen Gesellschaft zur Rettung Schiffbrüchiger (DGzRS, www.dgzrs.de) vereint wurde. Von Anbeginn an finanzierte sich die Gesellschaft ausschließlich aus Spenden; sie ist auf die unentgeltliche Mitarbeit freiwilliger Helfer angewiesen. Die Spendenschiffchen bitten um ein wenig ›Ladung‹, denn seit Bestehen der DGzRS wurden über 72 000 Menschen aus Seenot gerettet.

Ostfriesische Inseln

Die Inseln sind nicht, wie früher angenommen, Reste eines von Sturmfluten zerschlagenen Festlandes, sondern neuzeitliche Landbildungen – Kinder des Meeres und des Windes. Vor der Küste lagerten sich vom Tidenstrom herangeführte Sande ab und bildeten Sandwälle, Pflanzen siedelten sich an, neuer Sand wurde herangetragen, Inseln entstanden. Ihre Entwicklung ist noch nicht abgeschlossen.

Die von Nordwest heranbrechenden Wellen tragen im Westen der Inseln die Sandmassen ab, Wind und Wellen führen sie dem Ostende zu, das auf allen Inseln aus saharaähnlichen Sandebenen besteht. So befand sich beispielsweise die Westseite von Baltrum vor etwa 350 Jahren noch dort, wo heute die Ostseite von Norderney liegt.

In den kleinen Küstenhäfen legen die Fähren und Ausflugsdampfer zu den Inseln ab. Einige können – gezeitenabhängig – nur ein- bis zweimal pro Tag angelaufen werden.

Störtebeker

Anfangs mit legalen Kaperbriefen ausgestattet, machten die Piraten die Ost-see unsicher. Von dort vertrieben, bot sich als Alternative die buchtenreiche ostfriesische Nordseeküste an – dank ihrer Lage am Schifffahrtsweg zwischen Hamburg, Bremen und dem Ärmelkanal ein ideales Revier für Seeräuber. Im Laufe der Jahrhunderte wurden die Piraten romantisch verklärt. Störtebeker, einer ihrer Anführer, soll gar einen Teil der erjagten Beute an Arme verteilt haben. Nach ihm ist heute die parallel zum Deich verlaufende Straße benannt.

Aus dem Leben von Deutschlands berühmtestem Piraten, der angeblich vier Liter Bier hinunterstürzen konnte, ohne abzusetzen (Störtebeker = Stürz den Becher), ist wenig bekannt, seine Existenz bis heute nicht eindeutig nachgewiesen. Die Rufus-Chronik erwähnt einen Clawes Störtebeker, der vor Helgoland gefangengenommen und in Hamburg hingerichtet wurde. Oder hieß er gar Johann und war unbescholtener Kaufmann in Danzig? Sein mutmaßlicher Schädel wurde 2010 aus dem Museum in Hamburg gestohlen!

Bernstein

Nach stürmischen Tagen findet man das Gold des Nordens zwischen Tang und

Daten und Fakten

Lage: Ostfriesische Inseln, Watten und Seemarschen zwischen Dollart (Staatsgrenze zu NL) im Westen und Cuxhaven (Fahrrinne Außenelbe) im Osten.

Ausdehnung: Vom Seedeich (seeseitiger Deichfuß) bis zur Tiefenlinie (5–10 m) seeseits der Inseln und Sandbänke.

Bewohnte Inseln: Wangerooge, Spiekeroog, Langeoog, Baltrum, Norderney, Juist, Borkum, Neuwerk.

Unbewohnte Inseln: Memmert (Einwohnerzahl = 1 – der Vogelwart), Mellum, Minsener Oog, Scharhörn, Nigehörn.

Gesamtfläche: ca. 278 000 ha.

Nationalpark Niedersächsisches Wattenmeer: Gründung 1. Januar 1986 (Nationalparkverordnung vom 13. Dezember 1985, ersetzt durch das Nationalparkgesetz vom 1. August 2001). Er umfasst Wattenmeer und Inseln.

In Jever existiert eine der letzten traditionellen Blaudruckereien

angetriebenem Holz im Flutsaum am Deich. Vor rund 35–55 Mio. Jahren entstand es aus dem versteinerten Harz urzeitlicher Nadelbäume. Der rohe Bernstein, den man mit etwas Glück am Strand entdeckt, gleicht nicht dem golden und warm strahlenden Schmuck im Laden. Wer nicht ganz sicher ist, ob der mattgelbe, schneeweiße, orangefarbene, hellbraune oder rötliche Stein auch wirklich ein Bernstein ist, reibe ihn an Wollsachen. Dann lädt sich der Bernstein elektrostatisch auf und zieht u. a. Papierschnipsel an. Eine andere Methode: In einem mit zwei Teelöffeln Kochsalz angereicherten Glas Wasser schwimmt Bernstein, da seine Dichte geringer ist als die der Flüssigkeit.

Einfacher ist die Zahnprobe: Man klopft mit dem Stein gegen die Zähne, ein gewöhnlicher Kiesel klickt hell, Bernstein dagegen gedämpft.

Souvenirs

Maritimen (internationalen) Schnickschnack gibt es in allen Souvenirläden. Kinder freuen sich über beklebte Muschelkästchen, Buddelschiffe, Piraten-

fahnen usw., Leckermäuler über Bonbons in Gestalt von Möweneiern oder Muscheln aus Schokolade. Überall an der Küste kann man jedoch auch hervorragendes Kunsthandwerk und Naturprodukte erstehen, etwa von Biene, Ziege oder Schaf – Radfahrer sind spätestens am dritten Tag fällig für einen flauschigen Schaffellsattelschoner. In Galerien dominieren Werke mit Nordseemotiven.

Tee ist ostfrieslandtypisch: Auf der Beliebtheitsskala ganz oben rangieren verschiedene Teesorten, die Namen tragen wie Schietwettertee oder Rote Grütze und natürlich der echte Ostfriesentee. Dazu gehören das feine ostfriesische Teeservice aus Porzellan und die Kluntjes (grober Kandiszucker). Den Abschiedsschmerz vertreibt eine Buddel aus dem hohen Norden: Watt'n Geist, Moorfeuer, Nordsee-Geist …, die in jedem Supermarkt zu finden sind. Bier aus der Jever-Brauerei gibt es bundesweit zu kaufen.

Frisch gefangener Granat und geräucherter Fisch kann am letzten Urlaubstag erstanden werden.

Friesische Freiheit

Um 600 wandern Friesen von Westen her in das heutige Ostfriesland ein. Sie sind Bauern und Handel treibende Seefahrer. Bis 700 entsteht ein Heerkönigtum, dessen Könige sich gegen die Christianisierung zur Wehr setzen. Der berühmteste unter Ihnen ist König Radbod. Karl der Große gliedert 785 das Friesenreich dem Frankenreich ein und unterteilt es in Grafschaften.

885 verleiht Karl der Dicke als Folge der Normannenbesiegung Ostfriesland die Friesische Freiheit. Die Friesen regieren sich selbst und verteidigen ihre Freiheit nach außen, jedoch gibt es keine feste Stammesorganisation zwischen den Siedlungsgebieten.

Am Dienstag nach Pfingsten kommen die Abgesandten der einzelnen Landesgemeinden am Upstalsboom in Rahe bei Aurich zusammen, um nach demokratischen Regeln, Recht und Gesetz zu verhandeln.

Landgewinnung

Durch Anstieg des Meeresspiegels und Senkung der Küste kommt es immer wieder zu Überflutungen, sodass um 1000 der gemeinschaftliche Deichbau beginnt (s. S. 74). Bis dahin war eine Besiedlung nur auf angehäuften Hügeln, sogenannten War(f)ten oder Wurten möglich.

300 Jahre später kann die Deichlinie – der Goldene Ring – geschlossen werden, in deren Schutz Wirtschaft und Handel blühen.

Kein Jahrhundert vergeht, in dem nicht Sturmfluten die Küstenlinie drastisch verändern. So entstehen die tiefen Einbrüche von Dollart, Harle- und Leybucht sowie Jadebusen. Ab 1500 beginnen die Küstenbewohner mit der planmäßigen Rückgewinnung des verloren gegangenen Landes.

Häuptlingszeit

Ab Mitte des 14. Jh. bestimmen Häuptlingsfamilien das politische Geschehen auf der ostfriesischen Halbinsel. In zahlreichen Fehden setzten sich die stärksten Häuptlinge durch, der so entstandene Adel löste die genossenschaftliche Verfassung der freien, gleichberechtigten Friesen ab.

Die Hamburger setzen sich 1433 in Emden fest, übergeben die Verwaltung aber bereits 1439 den Häuptlingen Edzard und Ulrich Cirksena. Friedrich III. erhebt Ulrich I. Cirksena 1464 in den Reichsgrafenstand, wodurch das Land erstmals in die feudale Hierarchie des Deutschen Reiches eingegliedert ist. Der letzte Cirksena stirbt 1744 ohne Nachkommen, Friedrich der Große übernimmt die Herrschaft.

Unter fremder Herrschaft

Nach der preußischen Niederlage gegen Napoleon wird Ostfriesland zunächst holländisch und dann den Franzosen zugesprochen (1810–1813).

Am Ende der französischen Herrschaft gehen Ostfriesland und das Land Hadeln an das Königreich Hannover über, 1818 wird das Jeverland von Oldenburg übernommen. Dies dauert nicht einmal 50 Jahre, dann ist wieder Preußen am Zug als Sieger im Krieg gegen Österreich 1866.

In dieser Zeit wandern viele Ostfriesen aus, um ihr Glück in Amerika zu suchen (s. S. 32).

Die Weltkriege und der Neuanfang

Durch den Bau des Dortmund-Ems-Kanals, den Aufbau der Seebäder und damit den Beginn des Tourismus sowie der Anlage des Marinehafens in Wilhelmshaven kam zunächst der wirtschaftliche Aufschwung. Doch am Ende des Ersten Weltkrieges ist es damit schnell wieder vorbei, Wilhelm II. muss unter dem Druck des Matrosenaufstandes abdanken. Auch im Zweiten Weltkrieg ist die Wirtschaftskraft der großen Häfen Bremerhaven, Cuxhaven, Emden und Wilhelmshaven nur von kurzer Dauer. Sie alle wurden durch die Luftangriffe der Alliierten schwer zerstört.

1946 gründen die Briten das Land Niedersachsen, zu dem auch Ostfriesland gehört. 1978 verliert Ostfriesland seine Eigenständigkeit. Es wird mit Friesland zum Regierungsbezirk Weser-Ems mit Sitz in Oldenburg zusammengeschlossen.

Schutz des Wattenmeeres

Die Gründung der Nationalparks Niedersächsisches Wattenmeer 1986 und dessen Anerkennung von der UNESCO als Biosphärenreservat im Jahr 1992 sind wichtige Schritte zur Erhaltung dieser einzigartigen Küstenregion. Nach langem Ringen ist das Wattenmeer zwischen der holländischen Insel Texel und der Nordspitze von Sylt 2009 in die Liste des Welterbes der UNESCO aufgenommen und damit unter besonderen Schutz gestellt.

Wirtschaft im Aufwind

Der Bau von Offshore-Windkraftanlagen trägt zur ökonomischen Stärkung Ostfrieslands bei. 2009 ging mit Alpha ventus die erste Anlage 45 km nördlich von Borkum in Betrieb. 89 km nordwestlich von Borkum entsteht BARD offshore 1, einer von 30 zukünftigen Windparks in der Nordsee, der Ende 2010 ersten Strom ins Netz einspeiste. Parallel erfolgt in Cuxhaven der weitere Ausbau des Offshore-Basishafen. Auch der JadeWeserPort in Wilhelmshaven, geplante Fertigstellung Herbst 2012, setzt als größter Tiefwasser-Containerhafen in Europa Zeichen für eine wirtschaftliche Weiterentwicklung.

Die Manningaburg in Pewsum

Die Auswahl an Übernachtungsmöglichkeiten in Ostfriesland reicht vom preiswerten Privatzimmer in einer einfachen Pension über gemütliche Ferienwohnungen, moderne Apartmentanlagen bis hin zum Luxushotel mit Wellnessabteilung und Gourmetrestaurant. Die im Buch angegebenen Preise beziehen sich auf die Übernachtung im Doppelzimmer mit Frühstück bzw. Preis pro Wohneinheit. In der Nebensaison gibt es erhebliche Preisnachlässe, bei Ferienwohnungen sogar bis zu 50 %.

Preisbestimmend ist auch die Lage des Ferienortes: Günstiger sind die Unterkünfte weiter im Binnenland, kein Problem für all diejenigen, die viele Ausflüge unternehmen möchten. Wer einen Strandurlaub plant, hat es natürlich bequem, wenn er in Fahrradentfernung zum Strand wohnt – zumal strandnahe Parkplätze gebührenpflichtig sind.

Pauschal oder individuell?

Bei der privaten Suche nach einem Quartier helfen die informativen Gastgeberverzeichnisse, die von den Touristik-Büros angefordert werden können (s. S. 20). Während man in der Hauptsaison vor Ort kaum noch ein einzelnes Bett bekommt, gibt es in der Vor- und Nachsaison im Mai, Juni und Sept. noch genügend Unterkünfte. Auf freie Zimmer/Ferienwohnungen verweisen Schilder an der Straße.

Pauschalreisen werden häufig mit einem interessanten Aktiv- oder Wellnessprogramm kombiniert. Vor allem außerhalb der Saison ist man gut beraten, sich nach solchen und ähnlichen Angeboten zu erkundigen.

Hotels und Pensionen

Das Angebot von komfortablen Hotels der gehobenen Klasse ist in den letzten Jahren gestiegen; ganz außergewöhnliche Luxusadressen wird man dagegen nicht finden. Doppelzimmer gibt es zum Teil vergleichsweise günstig, während Einzelreisende ungleich kräftiger zur Kasse gebeten werden. Während Hotels auf Kurzurlauber eingestellt sind, müssen Gäste, die weniger als vier Nächte bleiben, in Pensionen und Gästehäusern meist mit einem Aufpreis rechnen. Zum Teil recht günstig und mit Kontakt zur einheimischen Bevölkerung sind Privatzimmer (ab 18 €).

Alte Fischerkaten, wunderschöne Bauernhäuser, kleine Landarbeiterhäuser – liebevoll restauriert und zum Teil erstaunlich preisgünstig, Wohneinheiten für 4 Pers. um 55 € sind keine Seltenheit. Informationen über **Historische Häuser** bekommt man unter www.unterkunft-ostfriesland.de.

Ferienwohnungen

Das Gros der Urlauber wählt inzwischen das ›zweite Zuhause‹ mit all seinen Freiheiten als Quartier. Der Mindestaufenthalt beträgt in der Regel vier Tage, in der Saison in den meisten Fällen eine Woche. Eine Vielzahl an Angeboten findet man in den Gastgeberverzeichnissen der einzelnen Orte.

Ferien auf dem Bauernhof

Die Auswahl ist groß: Manche Höfe sind einfach und ursprünglich, andere bieten ein Animationsprogramm. Über 400 Bauernhöfe und Heuhotels vermittelt die AG Urlaub und Freizeit auf dem Lande e. V., Lindhooperstr. 63, 27283 Verden/Aller, Tel. 042 31 966 50, www.bauernhofferien.de, www.bauernhofurlaub.de.

In Ostfriesland können Ross und Reiter (Bett und Box) gemeinsam Urlaub machen. Informationen für die Ferienplanung mit Pferden, u. a. Unterkünfte, Reitmöglichkeiten, aber auch Tipps zu Reittouren, Raststationen, Adressen von Tierärzten und Hufschmieden findet man unter www.bettundbox.de.

Jugendherbergen

Die Einrichtungen stehen allen offen, Bedingung ist die Mitgliedschaft im Deutschen Jugendherbergswerk (DJH), die auch vor Ort erworben werden kann. Die Schlafräume sind nach Geschlechtern getrennt, Familien und Paare können aber, so Raum vorhanden, gemeinsam übernachten. In der Saison ist eine schriftliche Voranmeldung erforderlich, Übernachtung pro Person mit Frühstück ab ca. 19 € (ab 27 Jahren zahlt man einen Aufschlag von 4 €).

Jugendherbergen gibt es in Cuxhaven-Duhnen, Bremerhaven, Jever, Schillighörn, Esens-Bensersiel, Norddeich und Emden, sowie auf allen Ostfriesischen Inseln außer Baltrum und Spiekeroog. Auskunft: Tel. 0421 598 30 50, www.jugendherbergen-nordwesten.de.

Der Leuchtturm Roter Sand – eine ungewöhnliche Übernachtungsmöglichkeit

Heuhotels

Man übernachtet in Scheunen und Schlafkammern. Die Betten sind mit Heu gepolstert, das Bettzeug oder der Schlafsack muss mitgebracht werden. Wasch- und Kochgelegenheit sowie ein Aufenthaltsraum sind vorhanden. Info unter www.heuhotelferien.de.

Camping

Campingplätze findet man überall entlang der Küste, gleich hinter dem Deich, in Strand- und Hafennähe. Einen schattenspendenden Baum gibt es allerdings selten. Viele Plätze sind nur von Mai bis September geöffnet. In dem Katalog »Ostfriesland – Camping- und Reisemobilurlaub« werden die Plätze vorgestellt, zu bestellen bei der Ostfriesland Tourismus GmbH (s. S. 20), www.ostfriesland.de.

Essen und Trinken

»Eeten un Drinken holt Liev und Seel tosamen!« Mit diesen Worten forderte man früher gerne dazu auf, tüchtig zuzulangen – die harte körperliche Arbeit im rauen Klima verlangte nach nahrhaften Speisen. Nach einem Deichspaziergang fällt das Zulangen auch heute nicht schwer: Die Nordseeluft macht Appetit. Die Menschen an der Nordseeküste lieben deftige Speisen. Frische Produkte bilden die Grundlage für eine jahreszeitlich orientierte Küche. Im späten Frühjahr lockt zart-würziges Deichwiesenlamm, im Frühsommer der Matjes. Im Herbst bereichern Wildspezialitäten wie Reh und Ente die Speisekarte.

Typisch Küste

Überaus reich ist das Angebot an Fisch und Meeresfrüchten. Ein Großteil des angebotenen Fisches stammt aus dem Nordatlantik und wird in den beiden größten deutschen Fischereihäfen, Cuxhaven und Wilhelmshaven, angelandet. Kleinere Fischkutter gehen von den Sielhäfen in küstennahem Gewässer auf Fang und beliefern u. a. die Fischereigenossenschaften vor Ort – nirgendwo gibt es frischeren Fisch und Krabben.

Nordseekrabben

Sie werden in Ostfriesland auch Granat genannt. Genau genommen ist die Krabbe eine Garnele. Einheimische und Urlauber lieben sie gleichermaßen und können sie unbesorgt in großen Mengen essen, denn Krabben sind nicht nur reich an Eiweiß und Mineralstoffen, sondern auch arm an Kalorien und Fett. Spätestens seit dem 17. Jh. war die Krabbe fester Bestandteil des Speiseplans der Küstenbewohner. Zunächst wurde sie zu Fuß bei auflaufendem Wasser im Watt mit der sogenannten Gliep, einem kescherartigen Netz gefangen. Seit Ende des 19. Jh. fahren die Fischer mit Krabbenkuttern auf Fang. Noch während der Fahrt werden die gefangenen Krabben in Nordseewasser abgekocht, erst jetzt erhalten die grauen Tierchen ihre zart rosa Färbung. Frische Krabben kauft man meist ungeschält. Eine Tüte Krabben zu pulen, gehört zu einem Nordseeurlaub einfach dazu. Lecker sind sie in allen Variationen: Auf Brot und mit einem Spiegelei bekrönt, auf gebratenem Fisch, als Salat oder mit Bartkartoffeln.

Krabbenpulen: Man nehme Kopf- und Schwanzende der Krabbe, verdrehe beide (auf Höhe des dritten Ringes von unten) gegeneinander, bis es zart knackt, und ziehe dann die Hülle ab, die das Schwanzende umgibt. Mit ein wenig Übung hat man bald den Dreh raus.

Matjes & Co.

Von Mai bis Anfang Juni hat der neue Matjes Saison. Diesen Leckerbissen isst man traditionellerweise so: Matjes am Schwanz fassen und ihn »sutje in die Luke runterlassen«. Auf der Speisekarte findet man frischen oder gebratenen Matjes. Eine Delikatesse sind Matjesheringe in Sahnesoße mit Pellkartoffeln

Das Restaurant Natusch in Bremerhaven ist bekannt für frischen Fisch

und grünen Bohnen. Köstlich sind auch frische Maischollen: gedünstet, gedämpft, gebraten, im eigenen Saft mit leichter Senfsoße oder deftig mit Speckstippe. Aal kann man fast überall bekommen oder auch selbst angeln, es gibt ihn in vielen Seen und Küstengewässern. In Butter gebraten wird er in vielen Lokalen serviert. Bekannt ist der Zwischenahner Räucheraal.

Nicht lang schnacken

Mit dem ersten Frost beginnt die Grünkohl-Saison. Der Frost ist wichtig, denn er wandelt die Bitterstoffe des Grünkohls in Zucker um. Zubereitet wird der Grünkohl, auch Oldenburger Palme genannt, regional unterschiedlich – mit Speck, Kasseler oder Pinkel, einer geräucherten Wurst aus Speck, Zwiebeln und Hafergrütze. Um diese Kalorienbomben besser zu verdauen, trinkt man frisch gezapftes Bier, etwa das friesischherbe Jever und einen hochprozentigen Klaren, an der Küste auch Friesenwein genannt. Gerne kippt man die beiden im Wechsel, nach dem Motto: »Nicht lang schnacken, Kopf in den Nacken!«

Das beliebteste Fleischgericht ist Snirtjebraa, ein scharf angebratenes und anschließend geschmortes Stück Nacken- oder Schulterbraten vom Schwein.

Süße Leidenschaften

Zu den süßen Spezialitäten Norddeutschlands zählt Rote Grütze mit frischer Sahne oder Vanillesoße oder Milchreis, der mit Zimt und Zucker oder Früchten serviert wird. Eine Sünde wert ist die Ostfriesentorte, gefertigt aus Biskuitboden, Schlagsahne und in Rum eingelegten Rosinen. Jeversche Leidenschaft ist ein in Brezelform gebackenes, zartes Gebäck aus süßem Blätterteig, das ebenso wie der in blauweißer Packung angebotene Friesenkeks (trockenes Teegebäck) ein beliebtes Reisesouvenir ist.

Spätestens wenn im Herbst die Nebel aufkommen und der nasskalte Wind aus Westen bläst, ist es Zeit für heiße Köstlichkeiten: Teepunsch, Friesenfeuer, Grog: Auf mehr und minder viel Rum kommt heißes Wasser und Zucker. An der Küste gilt das alte Grogrezept: Rum muss, Zucker darf, Wasser kann.

Anreise

Flugzeug

Der nächste internationale Flughafen ist Bremen. Auf den Flugplätzen in Emden, Norddeich, Harle (Wittmund/Carolinensiel), Wilhelmshaven, Bremerhaven und Cuxhaven können kleinere Maschinen landen. Flüge von/nach Bremen und zu den Inseln (außer Spiekeroog) bieten u. a. an:

Luftverkehr Friesland Harle:
Wittmund, Tel. 04464 94 81-0, www.inselflieger.de.
FLN Frisia Luftverkehr GmbH:
Norddeich, Tel. 04931 93 32-0, www.fln-norddeich.de.
Ostfriesische Lufttransport
GmbH: Emden, Tel. 04921 89 92-0, www.olt.de.

Bahn und Bus

Intercity- bzw. Interregio-Bahnhöfe sind Emden, Norden-Norddeich, Sande, Wilhelmshaven, Bremerhaven sowie Cuxhaven. Wer auf die ostfriesische Halbinsel möchte, fährt entweder bis Norden oder bis Sande, von dort verkehren Busse zu allen Küstenorten. Eine Nebenstrecke der Bahn verbindet Sande mit Jever, Wittmund und Esens.

Bahnanschlüsse sind auf Busse und Fähren abgestimmt. Informationen bekommt man in allen Reisezentren der Deutschen Bahn und unter www.bahn.de.

Jade-Express: im Komfort-Reisebus nach Wilhelmshaven 1–2 x pro Woche von Berlin sowie aus dem Harz, Info: Fass Reisen, Tel. 04421 843 60, www.fass-reisen.de.

Auto

Vier Autobahnen führen an die ostfriesische Nordseeküste: Die A 31 verbindet das Ruhrgebiet entlang der niederländischen Grenze mit Leer und Emden. Die A 27 geht von Südosten über Hannover, Bremen und Bremerhaven nach Cuxhaven, die A 28 von Oldenburg Richtung Westen über Leer nach Emden und die A 29 beginnt in Oldenburg und endet in Wilhelmshaven. Die wichtigste Ost-West-Verbin-dung auf der ostfriesischen Halbinsel ist die B 210, die von Emden über Aurich und Wittmund nach Wilhelmshaven führt.

Feiertage

1. Januar: Neujahr
März/April: Karfreitag
März/April: Ostermontag
1. Mai: Tag der Arbeit
Mai/Juni: Christi Himmelfahrt
3. Oktober: Tag der Deutschen Einheit
25. Dezember: 1. Weihnachtstag
26. Dezember: 2. Weihnachtstag

Feste und Festivals

Osterfeuer: März/April. Auf den Deichen entlang der Küste und auf den Inseln brennen fast überall am Ostersamstag, seltener am Sonntag, die Osterfeuer. Neben der Eiersuche gibt es das Eiertrüllen, dabei rollt man die Eier um die Wette den Deich herunter. Beim Eierbicken stoßen zwei Gegner hartgekochte bunte Eier gegeneinander. Wessen Schale zuerst knackt, hat sein Osterei an den Kontrahenten verloren.

Maibaum aufstellen: 30. April. Am Abend werden überall Maibäume aufgestellt. Ein frisch geschlagener Birkenstamm (oder eine lange Stange) wird mit einem Kranz aus Tannengrün und bunten Bändern geschmückt.

Krummhörner Orgelfrühling: Mai. Internationale Künstler bespielen historische Orgeln in der Krummhörn, www.greetsiel.de

Emder Matjestage: Mai/Juni. Das dreitägige Matjes-Fest erinnert an die über 450 Jahre alte Emder Heringsfischerei. Höhepunkte: Oldtimertreffen historischer Schiffe und Shantychöre.

Internationales Filmfest: Anfang/Mitte Juni. In Emden, Aurich und auf Norderney werden eine Woche lang Filme aus dem nordwesteuropäischen Raum vorgestellt, www.filmfest-emden.de.

Wochenende an der Jade: Erstes Wochenende im Juli. Stadt- und Hafenfest in Wilhelmshaven mit Kinder- und Straßentheater, Musik, Comedy und Artistik, Open-Ship auf den Museumsschiffen und Marinefregatten, www.wochenendeanderjade.de.

Duhner Wattrennen: Mitte Juli. In über hundertjähriger Tradition starten Traber und Galopper auf dieser einzigartigen Pferderennbahn auf dem Meeresboden in Cuxhaven-Duhnen, mit vielfältigem Rahmenprogramm.

Schlickschlitten-Rennen: Ende Juli/August in Upleward. Früher fuhren die Fischer mit ihren Schlitten hinaus über den Wattenschlick, um den frisch gefangenen Fisch aus den Reusen zu holen. Aus der alten Tradition hat sich ein ungewöhnlicher sportlicher Wettkampf entwickelt – der Karneval im Watt. Prämiert werden nicht nur die schnellsten Schlickrutscher, sondern auch die originellsten Kostüme, www.greetsiel.de.

Musikalischer Sommer in Ostfriesland: Juli/August. Beiderseits der deutsch-niederländischen Grenze finden Konzerte in Kirchen, Schlössern, Burgen oder Gulfscheunen statt, www.organeum-orgelakademie.de.

Hafenfest und Kutterregatta: Sommermonate. Die Veranstaltungen in Neuharlingersiel, Carolinensiel, Greetsiel und Norddeich zählen zu den schönsten an der Küste. Eine gute Gelegenheit, die Küstenbewohner und ihre Traditionen kennenzulernen.

Sail Bremerhaven: Ende August. Alle fünf Jahre (das nächste Mal 2015), Treffpunkt für die schönsten und größten Rahsegler der Welt mit Begleitprogramm an Land, zu Wasser und in der Luft.

Plum'n Markt: Ein Wochenende im August/September. Zur Zeit der Pflaumenreife, wird in Altfunnixsiel der 300 Jahre alte Kram-, Flachs- und Handelsmarkt abgehalten. Unbedingt probieren sollte man lokale Spezialitäten wie Pflaumenschnaps, Pflaumenpfannkuchen oder Schweinerippchen mit Backpflaumen.

Internationales Nordsee Blues Festival: November, in Emden. Internationale Bluesgrößen spielen in verschiedenen Innenstadt-Lokalen, www.blues-nacht.de.

Lüttje Greetmer Weihnachtsmarkt: Zweites/drittes Adventswochenende. Am dritten Adventswochenende kommt der Weihnachtsmann per Krabbenkutter in den Greetsieler Hafen und fährt anschließend mit einer Pferdekutsche zum historischen Ortskern, um die Kinder zu beschenken.

Gesundheit

Dank der über das Meer herangeführten staub- und keimfreien sowie mit Mineralien und Spurenelementen angereichten Seeluft gilt das Nordseeklima als ausgesprochen heilkräftig. Die wechselnden Wärme- und Kältereize des Klimas fördern die Stoffwechselvorgänge im Körper und härten ihn ab. In allen Bade- und Kurorten werden Strand- und Wassergymnastik, Jazztanz, Lauftreffs usw. angeboten. Die Teilnahme ist für Urlauber mit Kur- bzw. Gästekarte oft kostenlos oder stark ermäßigt.

Die ärztliche Versorgung ist überall gewährleistet: In den Nordseeheilbädern und Kurorten entlang der Küste sowie auf den größeren der Ostfriesischen Inseln gibt es zahlreiche Bade- und Fachärzte.

Die **Nordsee-ServiceCard** ist Nachweis der gezahlten Kurabgabe und bietet viele kostenlose und ermäßigte Leistungen in neun Urlaubsorten an der Küste, www.nordsee-service card.de.

Informationsquellen

Zentrale Touristeninformationen
Die Nordsee GmbH: Postfach 2106, 26414 Schortens, Tel. 01805 20 20 96 (0,14 €/Min.), www.die-nordsee.de. Bestellung bzw. Download von Gastgeberverzeichnissen, Infobroschüren für die Küste und die Inseln und dem Nordseemagazin. Infos zu einzelnen Orten und Programme für Pauschalreisen.
Ostfriesland Touristik GmbH: Ledastr. 10, 26789 Leer, Tel. 0491 91 96 96 60, www.ostfriesland.de. Die Ostfriesland Touristik GmbH gibt sehr informative Broschüren heraus, die gratis zu bestellen oder online zu lesen sind: u. a. Reiseführer Ostfriesland, Radurlaub, Campingurlaub, Paddel und Pedal oder Wellness.

Friesland-Touristik GmbH: Nordseepassage, Bahnhofsplatz 1, 26382 Wilhelmshaven, Tel. 04421 913 00 17, www.friesland-touristik.de. Informationen zu Anreise, Unterkünften und Veranstaltungen.

Torusitik-Büros vor Ort
Die Touristik-Büros sind meist ganzjährig von Montag bis Freitag, in der Saison auch am Wochenende geöffnet. Die Adressen werden im Reiseteil bei jedem Ort genannt.

Im Internet
www.nordwestreisemagazin.de: Sehr übersichtlich geordnetes virtuelles Reisemagazin für Ostfriesland mit Infos über Literatur, Kunst, Museen, Kirchen, Architektur und Natur, aber auch Cafés, Restaurants, Heuhotels, Bauernhofferien... Einige Links sind grandios, andere Websites erst im Aufbau, aber das Surfen lohnt.

Kinder

Kindgerechte Unterkünfte
Wohnen auf dem Bauernhof im Land hinter dem Deich ist nicht nur für Stadtkinder ein Traum: Traktor fahren, im Heu toben, mit Katzen und Lämmern kuscheln oder vielleicht ein Ausritt auf einem Pony. Manche Höfe sind einfach und ursprünglich, Kinder werden auch in den Arbeitsalltag mit einbezogen, andere bieten ein professionelles Animationsprogramm an. Auch die Heuhotels sind ganz auf junge Gäste eingestellt.

Eine strandnahe Unterkunft bietet den Vorteil, dass man mit dem Rad oder dem Bollerwagen ans Meer ziehen kann. In vielen Gastgeberverzeichnissen sind kindgerechte Unterkünfte gesondert gekennzeichnet.

Unternehmungen

Spaß am Meer: Das Wattenmeer birgt seine Besonderheiten: Neben dem Baden kann man bei Niedrigwasser auf dem Meeresboden spazieren gehen, Krabben und Wattwürmer beobachten oder Muschelschalen suchen. Kinderwattwanderungen, Basteln mit Strandfunden, Strandolympiaden und Vorlesestunden werden in allen Ferienorten angeboten.

Spielen und Baden: Ganzjähriges Vergnügen bieten gut ausgestattete Kinderhäuser und Spielscheunen zum Spielen, Basteln und Toben. Bei schlechtem Wetter locken in vielen Orten Spaß- und Erlebnisbäder.

Bootstour zu den Ostfriesischen Inseln: Die erlebnisreiche Schifffahrt führt durch das Wattenmeer und die offene, manchmal bewegte Nordsee zu den Inseln mit endlosen weißen Sandstränden (s. S. 79).

Tour zu den Seehundbänken: Oftmals gehört ein Schau-Fischfang zum Programm. Mit den triefenden Netzen wird an Bord gehievt, was sonst verborgen am Meeresgrund lebt: Krebse, Schollen, Seesterne, Seeigel, Seeskorpione.

Ausstellungen des Nationalpark-Amts: Kindgerecht lernen auch die Jüngsten die Natur und das Wattenmeer kennen, erfahren alles Wissenswerte über Wattwürmer und Zugvögel oder ertasten seltsame Muscheln und Strandfunde.

Seehundaufzucht- und Forschungsstation: In Norddeich kann man beim Füttern der Seehunde zuschauen.

Bremerhaven: Die vielfältigen Attraktionen der maritimen Meile liegen ein Steinwurf voneinander entfernt: man kann im Klimahaus eine Reise durch die Klimazonen der Erde erleben, Eisbären im Zoo am Meer sowie Buddelschiffe und Klabautermänner im Deutschen Schifffahrtsmuseum bestaunen oder die im Museumshafen vor Anker liegenden Schiffe erkunden und erklettern. In der Phänomenta werden Phänomene aus Natur und Technik durch einfache Experimente begreifbar.

Cuxhaven: Das Ahoi-Erlebnisbad bietet tideunabhängigen Badespaß, eher nachdenklich macht das Wrackmuseum. Am Steubenhöft verkündet der Schiffsansagedienst Herkunft und Ladung der vorbeiziehenden Schiffe aus aller Welt.

Wilhelmshaven: Auch hier sind alle Museen bequem zu Fuß zu erreichen. Die Eintrittskarten sind nicht ganz billig, doch das spannende und vielseitige Angebot der Museen lohnt die Investition: Über Seehunde und Seepferdchen, das Wattenmeer und die Weltmeere erfährt man Wissenswertes im Aquarium und im Nationalparkhaus Das Wattenmeer.

Emden: Die Kunsthalle lädt in eine Malschule für Kinder ein.

Klima und Reisezeit

Der Einfluss des Meeres und der wärmende Golfstrom bescheren der Küste ein verhältnismäßig mildes Klima ohne Extreme. Die Sommer sind warm, um 20 °C, jedoch selten heiß, in den Wintermonaten liegen die Durchschnittstemperaturen meist über dem Gefrierpunkt. Charakteristisch für die Küste ist der meist aus westlichen Richtungen kommende, oft stürmische Wind.

Die beliebteste Reisezeit liegt zwischen Mai und September. Von den Osterferien bis zu den Herbstferien sind alle Sehenswürdigkeiten und Unterkünfte geöffnet. Im Sommer spontan anreisen und eine preisgünstige Ferienwohnung finden ist jedoch fast unmöglich. Ein freies Plätzchen findet man

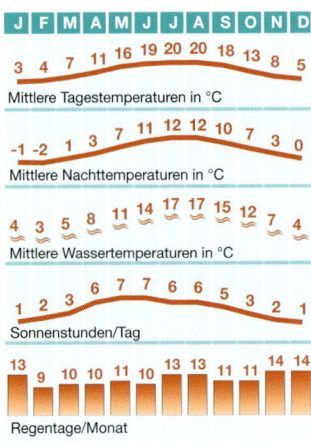

J	F	M	A	M	J	J	A	S	O	N	D

3 4 7 11 16 19 20 20 18 13 8 5
Mittlere Tagestemperaturen in °C

-1 -2 1 3 7 11 12 12 10 7 3 0
Mittlere Nachttemperaturen in °C

4 3 5 8 11 14 17 17 15 12 7 4
Mittlere Wassertemperaturen in °C

1 2 3 6 7 7 6 6 5 3 2 1
Sonnenstunden/Tag

13 9 10 10 11 10 13 13 11 11 14 14
Regentage/Monat

Klimadiagramm Wilhelmshaven

dann vielleicht noch auf Campingplätzen – auf den Inseln ist es völlig aussichtslos. Im Mai, Juni oder September geht es geruhsamer zu, und es lässt sich wunderbar am Strand liegen, spazieren gehen und auch baden. Frühjahr und Herbst bieten die schönsten Natur-Stimmungen. Wenn die Zugvögel auf dem Weg zu ihren Brutgebieten bzw. Winterquartieren im Wattenmeer rasten, ist das Vogelleben am interessantesten.Das Bundesamt für Seeschifffahrt und Hydrographie gibt Informationen zu Wasser- und Lufttemperatur, Wasserstand, Wind und Wellen sowie die Auf- und Untergangszeiten von Sonne und Mond (www.bsh.de).

Öffnungszeiten

Geschäfte: Die Ladenöffnungszeiten sind variabel. Größere Kur- und Badeorte haben dank der Bäderregelung verlängerte Öffnungszeiten: März–Okt. Mo–Fr bis 21, Sa und So bis 18 oder 20 Uhr. Auch in vielen kleineren Badeorten öffnen Lebensmittelgeschäfte am Wochenende für ein paar Stunden.

Post: Filialen – häufig nur ein Tresen beim Kaufmann – gibt es in allen größeren Ortschaften, einige schließen über Mittag.

Restaurants: In vielen Restaurants sind Essens- und Öffnungszeiten nicht identisch. Mittagstisch gibt es ca. von 11.30–14 Uhr, danach Kaffee und Kuchen, ab 17/18 Uhr Abendessen, nicht selten schließt die Küche bereits gegen 21.30 Uhr. Über Weihnachten und Neujahr öffnen viele Restaurants, die sonst im Winter geschlossen sind.

Kirchen, Museen und Sehenswürdigkeiten: Die gängigen Öffnungszeiten sind in der Saison tgl. 10–17 Uhr.

Reisen mit Handicap

In den Gastgeberverzeichnissen ist vermerkt, welche Unterkünfte sich für Behinderte oder Allergiker eignen. Die Broschüre »Mit Handicap durch norddeutsche Jugendherbergen« kann beim DJH Landesverband bestellt werden (s. S. 15). Nützliche Informationen und Tipps für Menschen mit Behinderungen gibt es unter www.rollstuhl-urlaub.de und www.ostfriesland-handicap.de, u. a. Ferienwohnungen sowie Vorschläge für Rolli- und Handbikertouren.

Strände: Die Grünstrände entlang der Küste sind für Rollstuhlfahrer in der Regel gut zugänglich. Für Sandstrände kann man in vielen Badeorten Strand-Rollstühle mieten (Info in den Touristikbüros).

Sport und Aktivitäten

Angeln
Die Palette reicht von Süßwasserangeln bis zur Küsten- und Hochseefischerei.

Sicherheit und Notfälle

Zur Sicherheit sollte man in geparkten Autos am Strand sowie in Parkhäusern nichts sichtbar liegen lassen. Es ist auch sinnvoll, keine Wertgegenstände mit an den Strand zu nehmen.

Wichtige Notrufnummern:
Polizei: 110
Feuerwehr: 112
Krankenhäuser:
Cuxhaven: Tel. 04721 780, Emden: Tel. 04921 980, Norden: Tel. 04931 18 10, Varel: Tel. 04451 92 00, Wilhelmshaven: Tel. 04421 890
ADAC Pannenhilfe: 01802 22 22 22
Sperren von ec/maestro- und Kreditkarten: Tel. 11 61 16, www.sperr-notruf.de

Diplomatische Vertretungen:
Österreichische Botschaft: Tel. 030 20 28 70
Schweizer Botschaft: Tel. 030 390 40 00

Das Angeln im Meer ist kostenlos, in Binnengewässern ist ein Berechtigungsschein erforderlich (meist in den Kurverwaltungen bei Nachweis der Sportfischerprüfung erhältlich). Von allen Küstenhäfen werden Angelfahrten angeboten.

Wer keinen Sportfischerausweis besitzt, kann während des Urlaubs an einem Einführungslehrgang im Angeln teilnehmen. Auskunft erhält man beim Bezirksfischereiverband für Ostfriesland, Tel. 04921 255 75, www.bvo-emden.de.

Baden

Das Baden im Meer ist abhängig von Ebbe und Flut. Das Wasser ist also nicht immer da, wenn man es sich wünscht! Den Tide-Kalender mit den Hoch- und Niedrigwasserzeiten erhält man in der Kurverwaltung.

Baden sollte man nur bei auflaufendem Wasser (Flut) während der ausgewiesenen Badezeit. Denn der Ebbstrom kann so stark sein, dass auch geübte Schwimmer ins Meer gezogen werden. Vom 1. Juni–31. August stehen die Badestrände unter der Aufsicht der DLRG, erkennbar an der flatternden DLRG-Fahne. Für Kinder und Nichtschwimmer ist die Badesituation zu gefährlich, wenn ein roter Ball zu sehen ist. Zwei rote Bälle bedeuten generelles Badeverbot.

Der ADAC gibt der Wasserqualität an der deutschen Nordseeküste alljährlich die besten Noten. Traumhafte, weiße Sandstrände gibt es auf allen ostfriesischen Inseln, die schönsten Strände an der Festlandküste findet man in Cuxhaven.

Fast alle Badeorte an der Küste haben ein Hallenbad oder/und ein Freibad. Zu den schönsten Erlebnisbädern gehören das DanGast Quellbad in Dangast, das Ocean-Wave Meerwasser-Wellenbad in Norddeich (s. S. 93) und die Nordseetherme Sonneninsel in Bensersiel (s. S. 84).

Wellness an der Nordsee

Die Nase im heilkräftigen Wind, die Füße im gesunden Meeresschlick, lautet die Devise für das Wohlbefinden. In allen größeren Ferienorten gibt es **Wellnessangebote**: u. a. in der Gesundheits-Oase in Greetsiel, im Haus des Gastes in Carolinensiel, im Reethaus am Meer in Dornumersiel oder im Kurhaus in Neuharlingersiel. **Saunieren**: im Erlebnisbad Ocean-Wave in Norddeich und in der Friesland-Therme in Horumersiel. Im Wellnessbereich der Nordseetherme Sonneninsel in Esens-Bensersiel stehen Beauty, Fitness, Baden, Sauna, Kuren und verschiedene Therapien auf dem Programm. Infos: www.die-deutschen-seebaeder.de.

Boßeln und Klootstock- schießen

Die traditionellen Sportarten sind ein geselliges Sonntagsvergnügen. *»Lüch up und fleu herut!«* heißt das Motto, wenn Mann gegen Mann, Dorf gegen Dorf zum Klootstockschießen antreten.

Das Ziel des Spiels besteht darin, den Kloot, eine mit Blei ausgegossene Holzkugel von einem Absprungbrett so weit wie möglich zu schleudern. Ähnliches gilt beim Boßeln auf der Landstraße. Auch hier muss eine Holz- oder Hartgummikugel möglichst weit geworfen werden: mit reichlich Anlauf wird sie wie beim Kegeln vorwärts getrieben und jeweils dort wieder aufgenommen, wo sie liegen bleibt. Die Mannschaft hat gewonnen, die die wenigsten Würfe für eine bestimmte Strecke braucht.

Laufen an der Küste

Watt und Strand sind ideale Orte zum Walken oder Joggen. Informationen zu Lauftreffs bekommt man in den Kurverwaltungen und Touristen-Informationen.»Mach nicht halt – Lauf gegen Gewalt!« unter diesem Motto wird an acht Tagen im Juni der EWE-Nordseelauf an der niedersächsischen Küste ausgetragen, mit buntem Rahmenprogramm. Infos u. a. bei Bremerhaven-Touristik (s. S. 52) oder unter www. nordseelauf.de.

Radfahren

Der Nordwesten ist – abgesehen vom Wind, der immer von vorn zu kommen scheint – ein ideales Radfahrerland. Im Sommerhalbjahr sind viele Busse auf den Transport von Fahrrädern eingestellt. In allen größeren Orten findet man Fahrradverleihe mit einem großen Angebot an unterschiedlichsten Rädern, Sicherheitssitzen, Gepäckkörben und Anhängern. Am günstigsten ist es, wochenweise zu mieten.

Das Radwege- und Wandernetz ist hervorragend gekennzeichnet. Kartenmaterial und Routenbeschreibungen gibt es im Buchhandel oder in den Touristik-Büros, weitere Informationen unter www.ostfriesland.de oder www. fahrradurlaub.net. Melkhuskes – plattdeutsch für Milchhäuschen laden zur Rast ein, www.milchwirtschaft.de.

Fernradwege: Nordseeküstenradweg (North Sea Cycle Route): Er führt durch sieben Länder einmal um die Nordsee: Schottland, England, Niederlande, Deutschland, Dänemark, Schweden und Norwegen. Seine Länge beträgt ca. 5500 km, in Deutschland 907 km. Beschilderung im ostfriesischen Wegnetz als Routensignet North Sea Cycle Route, www.northsea-cycle.com.

Internationale Dollard Route: Die 205 km lange Tour verbindet Ostfriesland mit den Niederlanden. Etappen sind Emden und Leer in Ostfriesland, Nieuweschans, Woldendorp, Delfzijl in den Niederlanden. Die Route führt per Fähre über den Meeresbusen Dollart (niederländisch: Dollard). Die Fähre verkehrt nur an bestimmten Wochentagen und nur in der Zeit von Mai bis September. Internationale Dollard Route e. V., Ledastr. 10, 26789 Leer, Tel. 0491 91 96 96 50, www.dollard-route.de.

Friesenroute *Rad up Pad* (das bedeutet soviel wie mit dem Rad unterwegs): Der Rundweg ist 290 km lang und ausgeschildert mit dem Symbol Rad up Pad. Etappen sind: Emden, Greetsiel, Norden, Dornum, Aurich, Großefehn, Emden. Kunst- und kulturhistorische Tafeln informieren über typisch Ostfriesisches. Entlang der Strecke findet man Rastplätze mit Schutzhütten, www.ostfriesland.de.

Friesische Mühlentour: Auf einer Strecke von rund 250 km stehen mehr als 40 Windmühlen. Etappen sind: Norden, Dornum, Esens, Aurich, Großefehn, Emden, Greetsiel, Norden. Kennzeichen ist das Symbol Friesische Mühlentour mit dem Bild einer Mühle. Zur Ausstattung gehören Rastplätze mit Schutzhütten sowie Hinweisschilder mit einer Fülle kunst- und kulturhistorischer Informationen.

Friesischer Heerweg: Auf 400 km führt die längste beschilderte Radstrecke Ostfrieslands von Oldenburg bis zur Nordseeküste quer durch das ostfriesische Binnenland. Sie ist gekennzeichnet mit dem Namen sowie einer Hellebarde und einem Rad. Es bieten sich auch Teilstrecken an. Auskunft: Arbeitsgemeinschaft Friesischer Heerweg, Tel. 04465 14 15, www.friesischer-heerweg.de.

Deutsche Sielroute Wesermarsch: Weite Strecken der 181 km langen Radtour führen an der Weser, an der Nordsee bzw. am Jadebusen entlang. Es besteht eine Verbindung zur 250 km langen Rundtour Tour de Fries, www.nordwestreisemagazin.de/radrouten.

Reiten

Die Nordseeküste Ostfriesland ist Reiterland. Zahlreiche Reiterhöfe bieten Unterricht, Ausritte, Voltigieren und Ponyreiten für Kinder, einige auch Unterkunft für Reiter und Pferd an.

Auch auf den größeren Inseln gibt es Reitställe. Ihre Adressen findet man in den Gastgeberverzeichnissen und unter www.bettundbox.de.

Skaten

Ideale Pisten sind die glatt asphaltierten ›Katastrophenwege‹ vor und hinter dem Deich. Aber Achtung: Hier verkehren auch Radfahrer und Schafe, Vorsicht Schafschiet!

Eine Topp-Adresse für Skateboarder, BMXer und Inlineskater ist die Playground Skate Hall in Aurich. Der 3200 m^2 umfassende Skatepark ist in den Ferien tgl. ab 10 Uhr geöffnet, Finkenburgweg 9, Tel. 04941 60 77 70, www.playground-ev.de .

Wandern

Die beste Art, die Küste kennenzulernen, ist auf Schusters Rappen. Nur zu Fuß kann man sich auf der Deichkrone, durchs trocken gefallene Watt und auf den Sandstränden bewegen. Das Wander- und Radwegenetz ist hervorragend gekennzeichnet. Auf die nordischen Walker hat sich das Wangerland eingestellt. In Hooksiel und Horumersiel sind Touren unterschiedlicher Länge ausgeschildert, www.hooksiel.de.
Wattwandern: Geführte Wanderungen stehen überall entlang der Küste auf dem Programm – manche auch speziell für Kinder. Wer sehr empfindliche Füße hat, sollte Gummistiefel, dicke Socken oder alte Turnschuhe anziehen, sie schützen vor Verletzungen, bei-

spielsweise durch scharfe Muschelränder – schöner aber ist es barfuß.

Längere Wanderungen ins Watt sollte man nur mit einem kundigen Führer unternehmen. Das Watt ist gefährlich, bei auflaufender Flut kann man schnell vom Land abgeschnitten werden, plötzlich auftretende Sommernebel machen jede Sicht und damit die Orientierung unmöglich. Bei den Führungen erfährt man nicht nur Naturkundliches, sondern häufig auch Anekdoten über die Küstenbewohner.

Wassersport

Surfen und Segeln ist an der ganzen Küste möglich, man muss sich allerdings nach den Gezeiten richten. In vielen Küstenorten gibt es Surf- und Segelschulen, u. a. Nordsee-Segelschule Hooksiel (Tel. 0171 217 82 74, www.nordsee-segelschule.de), Segel- und Motorbootschule Harlesail in Carolinensiel (Tel. 04464 94 58 64), Surf- und Segelschule am Großen Meer (Tel. 04942 50 96).

Paddel und Pedal: Ostfriesland ist das Land der Wasserläufe, Kanäle, Klappbrücken, Schleusen und Mühlen, ideal für eine Erkundung per Kanu und Rad.

Unter dem Motto »Hier starten – dort abgeben« können Wasser- und Radwanderer an zahlreichen Paddel- und Pedalstationen Fahrräder und Kanus für Tagesausflüge oder mehrtägige Rundtouren mieten.

Das kostenlose Heft »Naturerlebnis mit Paddel und Pedal« gibt neben vielen nützlichen Informationen auch eine Auflistung der Paddel- und Pedal-Stationen; zu bestellen bei Ostfriesland Touristik GmbH (s. S. 20), www.paddel-und-pedal.de.

Der Umwelt zuliebe – nachhaltig reisen

Die Umwelt schützen, die lokale Wirtschaft fördern, durch intensive Begegnungen voneinander lernen – sozial verantwortlicher und umweltfreundlicher Tourismus übernimmt Verantwortung für Klima, Natur und Gesellschaft. Die folgenden Webseiten geben Tipps, wie man seine Reise nachhaltig gestalten kann.

www.zukunft-reisen.de: Das Portal des Vereins Ökologischer Tourismus in Europa erklärt, wie man ohne Verzicht umweltverträglich und sozial verantwortlich reisen kann.

www.nationalpark-wattenmeer.niedersachsen.de: Informationen rund um das Wattenmeer und dessen schonende Erkundung.

www.waddensea-worldheritage.org: Aktuelle Infos über das Weltnaturerbe Wattenmeer und dessen Schutz.

www.nabu-ostfriesland.de: Der Naturschutzbund stellt auf seiner Seite laufende Projekte und Naturerlebnistouren vor und setzt sich auch kritisch mit den Vor- und Nachteilen des Wattenmeers als Weltkulturerbe auseinander.

www.nordwestreisemagazin.de/radrouten: Mit dem Rad lässt sich Ostfriesland umweltschonend und intensiv erkunden (s. S. 24).

www.onno-net.de: Das ostfriesische Netzwerk für Ökologie will die nachhaltige Ernährungskultur in Ostfriesland stärken und nennt Restaurants, die Gerichte ausschließlich aus regionalen Erzeugnissen anbieten.

Wasserskifahren bietet die Liftanlage in Hooksiel (www.wasserski-hooksiel.de, s. S. 72).

Telefonieren

Telefonzellen mit Kartentelefonen findet man fast in jedem Ort. Telefonkarten erhält man in Postfilialen, Zeitungsgeschäften und Souvenirläden.

Die Erreichbarkeit über Handy an der Nordseeküste (und im Watt!) ist lückenlos.

Vorwahlen:
Österreich 0043
Schweiz 0041
Deutschland 0049

Verkehrsmittel

Mobilitätszentralen
Ausführliche Infos zu Flug-, Zug-, Fähr- oder Busverbindungen erhält man unter www.vej-info.de und www.weser-ems-bus.de.

Bus
Zwischen den einzelnen Küstenorten bestehen gute Busverbindungen. Auch von den Städten im Inland geht es per Bus mehrmals täglich zur Küste.
Urlauberbus Ostfriesland: Der Verkehrsverband Ems-Jade bietet Urlaubern in der Saison von Mitte März bis Ende Oktober die Möglichkeit, Ostfriesland für 1 € pro Richtung und Person zu entdecken. Bedingung ist eine Gäste- bzw. Kurkarte der Region.

Die Broschüre enthält nicht nur Fahrplandaten, sondern auch Informationen über die einzelnen Orte, www.urlauberbus.info.

Schiff
Die See- und Sielhäfen entlang der Küste bieten sich für Schiffsausflüge an (s. Infos zu den einzelnen Orten).

Fähren zu den Inseln
Baltrum: Tideabhängige Fährverbindung ab Neßmersiel (ohne Auto), etwa 3 x tgl., Fahrtdauer 30 Min., Reederei Baltrum Linie, Tel. 04939 99 16 06, www.baltrum-linie.de.
Borkum: Tideunabhängige Fährverbindung ab Emden (mit Auto), je nach Saison 2–4 x tgl., Fahrtdauer inkl. Inselbahn, 2 Std. 30 Min.; mit dem Katamaran, 1 Std. 30 Min., in der Saison 1–2 x tgl., Reederei AG Ems, Tel. 01805 18 01 82 (0,14 €/Min.), www.ag-ems.de.
Juist: Tideabhängige Fährverbindung ab Norddeich (ohne Auto), 1–2 x tgl., Fahrtdauer 1 Std. 25 Min., Reederei Frisia, Tel. 04931 98 70, www.reederei-frisia.de.
Langeoog: Tideunabhängige Fährverbindung ab Bensersiel (ohne Auto), bis zu 9 x tgl., Fahrtdauer inkl. Inselbahn 1 Std., Tel. 04972 693-260, www.schifffahrt-langeoog.de.
Norderney: Tideunabhängige Fährverbindung ab Norddeich (mit Auto), in der Hauptsaison fast stündlich, Fahrtdauer ca. 1 Std., Reederei Frisia, Tel. 04931 98 70, www.reederei-frisia.de.
Spiekeroog: Tideabhängige Fährverbindung ab Neuharlingersiel (ohne Auto), 1–3 x tgl., Fahrtdauer 50 Min., Tel. 04976 91 93-101, www.spiekeroog.de.
Wangerooge: Tideabhängige Fährverbindung ab Harlesiel (ohne Auto), 2–3 x tgl., Fahrtdauer inkl. Inselbahn knapp 1,5 Std. Auskunft: Tel. 04464 94 94 11, www.siw-wangerooge.de.
Helgoland: In der Saison tgl. Verbindungen ab Bremerhaven, Cuxhaven und Wilhelmshaven, auch mit der Schnellfähre (s. Infos in den einzelnen Orten).

Unterwegs an der Nordseeküste

Ostfriesland ist Wasserland, das dem Besucher Flexibilität abverlangt: Mal ist der Badeanzug gefragt, dann wieder der Friesennerz. So abwechslungsreich wie das Wetter zeigt sich auch die Landschaft: Da ist die Nordsee, der man immer wieder Land abringt, mit endlosen Wattflächen, Muscheln im Flutsaum und stets schützenden Strandkörben, da sind die charakteristischen Sielhäfen mit den bunten Krabbenkuttern, die geheimnisvollen Moorflächen, und allem vorgelagert ist die ostfriesische Inselgruppe.

Zwischen Elbe- und Wesermündung

Cuxhaven ► H/J 2

Auf drei Seiten von Wasser umgeben, ragt die Hafenstadt (52 000 Ew.) wie eine Halbinsel ins Meer. Sie liegt an der Elbmündung am meist befahrenen Schifffahrtsweg der Welt – Containerschiffe, Tanker, Fracht- und Küstenschiffe ziehen hier vorbei.

Als Seebad hat Cuxhaven seit dem 19. Jh. Tradition. Es besteht aus elf recht unterschiedlichen Stadt- bzw. Kurteilen (teils ehemaligen Dörfern), die für ihre schönen Badestrände und die gesunde Seeluft bekannt sind. Das historische Zentrum der Stadt bildet Schloss Ritzebüttel, das 1394 von der Hansestadt Hamburg erworben wurde, um von hier aus die Einfahrt in die Elbe besser sichern zu können. Bis 1937 blieb die Landspitze zwischen Elbe und Weser hamburgisch.

Alte Liebe 1

Ende April–Anf. Okt. Di–So 11–16 Uhr, Erw. 3 €, Kinder bis 16 J. 2 €, Fam. 8 €
Das Herz der Stadt findet man an der Einfahrt zum Alten Hafen: Die Alte Liebe, Anleger und Aussichtsplattform. Auf dem anno 1732 als Wellenbrecher erbauten Hafenbollwerk fühlt man sich fast wie an einer Reling, anderen Schiffen zum Greifen nah. Hier starten die Ausflugsboote nach Neuwerk, zu den Seehundbänken und nach Helgoland und hier liegt auch das 1988 ausgemusterte **Feuerschiff Elbe 1,** heute Museum und Standesamt.

Semaphor 2

Das faszinierende technische Denkmal (errichtet 1884, Neubau 1904) diente ehemals den auslaufenden Schiffen zur optischen Übermittlung von Windrichtung und -stärke auf der Nordsee. Noch heute sieht man die aktuellen Wetterinformationen für Borkum (B) und Helgoland (H) an den großen Zeigearmen, die der Deutsche Wetterdienst alle zwei Stunden aktualisiert.

Kugelbake 3

Die Kugelbake, erstmals Anfang des 18. Jh. aufgebaut, erhielt 1924 ihr jetziges Aussehen und ist das Wahrzeichen der Stadt. Die einst wichtige Navigationshilfe markiert die Grenze zwischen Nordsee und Elbe und den nördlichsten Punkt Niedersachsens. Auf dem Weg vom Fährhafen dorthin passiert man die sanft geschwungene Grimmershörn-Bucht mit dem Yachthafen sowie linker Hand den **Kurpark,** eine schöne Anlage mit Tiergehegen, Seehundbecken und Seevogelwiesen. **Kurpark-Zoo:** tgl. von 9–18 Uhr, 15 Uhr Pinguin- und Seehundfütterung, Eintritt frei.

Fort Kugelbake 4

Strandstr. 80, Anm. Tel. 04721 40 44 44, Termine s. Aushang und unter www.tourismus.cuxhaven.de
Das Fort wurde auf Betreiben Preußens 1869–1879 zur Verteidigung der Einfahrt in die Elbe gebaut. Die Reste der militärischen Befestigungsanlage kann man bei einer Führung besichtigen.

Fischereimuseum 5

Ohlroggestr. 7, Tel. 04721 66 52 62,
www.fischereimuseum-cuxhaven.de,
Hauptsaison tgl. 10–17 Uhr, 2,50 €
Alte Seebären geben engagiert Auskunft über 100 Jahre Fischereigeschich-
te in Cuxhaven.

Schloss Ritzebüttel 6

Schlossgarten 5, Tel. 04721 72 18 12,
Mo–Do 10–13, Di–Do auch 14–17
Uhr, Fr und feiertags geschl., Sa/So
11–15 Uhr, 2 €
Das Backsteinschloss von 1340 ist von
einem sehenswerten Schlossgarten mit
altem Baumbestand und modernen
Skulpturen umgeben. Noch mehr Kunst
bieten die wechselnden Ausstellungen
innerhalb des Schlosses.

Ringelnatzmuseum 7

Südersteinstr. 44, Tel. 04721 39 44 11,
www.ringelnatzmuseum.de,
Di–So 10–13, 14–17 Uhr, 3 €
Liebenswerte Ausstellung über den
Dichter Joachim Ringelnatz.

Wrackmuseum 8

Dorfstr. 80, Ortsteil Stickenbüttel, Tel.
04721 233 41, Ende März–Ende Okt.
Di–So 10–17 Uhr, 3,60 €
Etwa 3000–4000 Schiffe scheiterten
seit dem Mittelalter vor den heimischen
Küsten. Vom Meeresgrund geborgene
Wrackteile und Reste der Ladung erzählen ergreifende Geschichten von der
gefährlichen Schifffahrt und den Schick-
salen der Seeleute.

Schiffsmuseum Duhnen 9

Wehrbergsweg 7, Tel. 04721 481 58,
www.schiffsmuseumduhnen.de,
März– Okt. tgl. 10–13, 15–18 Uhr
Das größte Buddelschiff der Welt, die
Chronik der Seenotrettung (DGzRS),
Bilder verschiedener Marinemaler und
einige Kuriositäten sind zu bestaunen.

Die Kugelbake, das Wahrzeichen Cuxhavens

Nationalpark-Zentrum Cuxhaven 10

Hans-Claußen-Str. 19, Sahlenburg,
www.nationalpark-wattenmeer-
cuxhaven.de, Mai–Okt. Mo–Fr 10–18,
So 14–18 Uhr, Juli/Aug. auch Sa
14–18 Uhr, Nov–April Mo–Do 10–16,
Fr 10–13, So 14–17 Uhr
Viel Interessantes über das Cuxhavener
Wattengebiet mit Tide- und Wattbo-
denmodell, Seevogelvitrine mit Vogel-
stimmen und Seewasseraquarien.

Hapag-Hallen und Steubenhövt 11 – 15

direkt 1l ▶ S. 32

Übernachten

Behaglich – **Villa Caldera** 1: Döser
Seedeich 4, Tel. 04721 350 44, www.
villa-caldera.de, DZ ab 60 €. Kleine Ju-
gendstilvilla hinter dem grünen Deich,
50 m vom Badestrand entfernt. Nicht-
raucherhaus. Romantisch eingerichtete
Zimmer, einige mit Seeblick und Balkon.
Wellspa – **Strandhotel Duhnen** 2:
Duhner Strandstr. 5–9, ▷ S. 35

Cityplan: S. 36 | **Ort:** Die historischen Kais am Amerikahafen

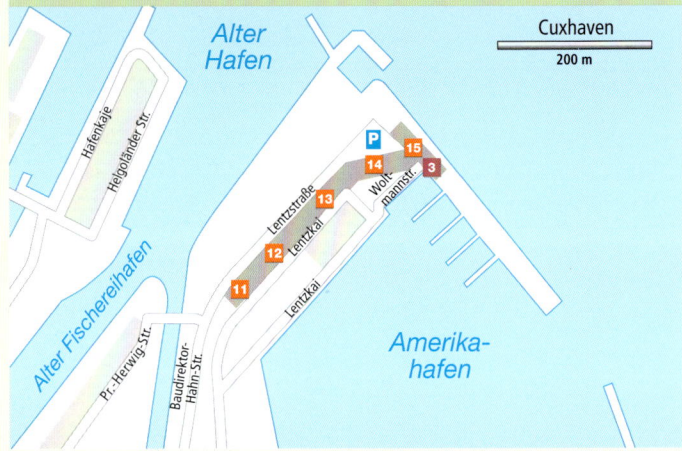

Vom Steubenhöft, dem Kai für Transatlantikschiffe, hieß es für die Auswanderer Abschiednehmen auf dem Weg in eine ungewisse Zukunft. Erst in den Abfertigungshallen (Hapag-Hallen) wird so manchem die Endgültigkeit seiner Entscheidung bewusst geworden sein. Bei der Führung durch die historischen Gebäude kann man dieses Gefühl fast nachempfinden.

Schon im Mittelalter hatten sich die Hamburger das strategisch günstige Fleckchen an Elbe und Nordsee als Besitz gesichert. Aus heutiger Sicht erwies sich das für die Cuxhavener als Glücksfall, denn so erhielten sie 1992, als endlich auch der Hafen an das Land Niedersachsen ging, diese einzigartige, immer noch funktionstüchtige Hafenanlage zum weiteren Betrieb. Allerdings musste das Land noch einmal viel Geld und Schweiß in die aufwändige Restaurierung des denkmalgeschützten Komplexes investieren.

»Um die Ecke geht's nach Amerika«

Große Segelschiffe starteten schon in den 1930er-Jahren des 19. Jh. von dieser Stelle aus in Richtung Amerika. Zwischen 1850–80 setzte dann die große Auswanderungswelle in das verheißungsvolle Land ein, das mit einem Stück Farmland und zwei Pferden als Begrüßungsgeschenk warb. Gerade die Bevölkerung aus dem Umland Cuxhavens fühlte sich dadurch angesprochen. Sie suchte ein neues Auskommen in Übersee, denn es erbte ja nur der erstgeborene Sohn den elterlichen Hof. Dafür nahmen die künftigen Siedler die äußerst beschwerliche Überfahrt von sieben Wochen in Kauf, bei der etwa dreißig Prozent der Passagiere an Krankheit und Erschöpfung starben.

Eine Woche auf dem Atlantik

Bereits 1889 gehörte dies der Vergangenheit an, denn die neuen Dampfschiffe der Hamburg-Amerika-Linie bzw. Hamburg-Amerikanische Paketfahrt-Aktien-Gesellschaft (Hapag) schafften die Überfahrt in nur sieben Tagen, sodass nun auch ein regelmäßiger Fahrplan eingehalten werden konnte. Der Initiator des Hafenausbaus in Cuxhaven war Albert Ballin, einer der Geschäftsführer der Hapag, denn eine Verlegung von Hamburg weg war notwendig geworden, da die Doppelschrauben-Dampfer wegen ihres größeren Tiefgangs den Stadthafen nicht mehr anfahren konnten.

Der Weg der Passagiere

Die Führung beginnt wie damals die Reise im **Kuppelsaal** 11 . Dort hielten sich die Passagiere der ersten Klasse bis zur Abfahrt des Schiffes auf und vertrieben sich die Zeit mit Essen und Unterhaltung. Schon beim Eintreten fällt der gewaltige Leuchter auf, der schon damals den Fortschritt symbolisierte: die Eingangshalle war das erste Gebäude in Cuxhaven, das elektrisches Licht bekam. Leider ging das Original verloren und wurde durch den modernen, ziemlich wuchtig wirkenden Weltkugelleuchter ersetzt. Vom Saal geht der langgezogene, originalgetreu erhaltene **Zollgang** 12 zur Gepäckabfertigung bzw. -abholung ab. Lange Bankreihen erleichterten die Wartezeit. Vor allem eine Bank aus der Zeit vor 1920 ist immer noch die bequemste im ganzen Gang! Der vordere Teil der Hallen ist noch heu-

te als Abfertigungsbereich für die Kreuzfahrer in Betrieb. Der Weg zum Steubenhöft führt seit 1919 weiter durch den **Gedeckten Gang** 14 , der es den Passagieren garantiert, trockenen Fußes zum Schiff zu gelangen.

Mit der Bahn direkt ans Schiff

Nun geht es auf den direkt an die Halle angebauten **Bahnsteig** 13 , der heute allerdings nicht mehr genutzt wird. Eine reibungslose Abfertigung garantierte die damals modernste Passagieranlage, die mit der Abfahrt des Dampfers Graf Waldersee nach New York am 1. Juni 1902 in Betrieb genommen wurde. Das Hafengelände wurde an die Bahnstrecke Hamburg–Cuxhaven mit einem eigenen Bahnhof angeschlossen, sodass die Passagiere aus den Sonderzügen steigend direkt die Abfertigungshallen erreichten. Um das lästige, wieder notwendig gewordene Ausbooten der auf Reede liegenden Schiffe endgültig zu beenden, entstanden 1911–13 die neuen Kaianlagen. Mit 400 Metern waren sie die längsten ihrer Zeit, benannt nach Friedrich Wilhelm von Steuben, der einst eine wichtige Rolle im amerikanischen Unabhängigkeitskrieg spielte (Steuben-Parade). Dieser neue ›Amerikahafen‹ wurde zum Symbol für eine bessere, hoffnungsvolle Zukunft: »Dort in der Ferne blüht das Glück« heißt es aus einer Abschiedsanzeige im Otterndorfer Wochenblatt.

Traumschiff Hanseatic

Nach dem Rückgang des Transatlantik-Verkehrs während der beiden Weltkriege erfolgte sowohl ab 1920 als auch ab 1946 noch einmal ein Aufschwung durch die Kreuzfahrtreisen – die übrigens in Cuxhaven ihren Anfang nahmen – und die Auswanderer, die sich jetzt vermehrt auch nach Halifax/Kanada einschifften. Im Zuge des Neubaus

Übrigens: Die regionale Datenbank Cuxaus enthält etwa 6000 Datensätze von Auswanderern aus dem heutigen Landkreis Cuxhaven in der Zeit von 1830 bis 1930, www.hapag-hallen-cuxhaven.de/auswandererdatenbank.

des Steubenhöftes 1953/54 – die Holzkonstruktion des alten Hafenkais war der Bohrmuschel zum Opfer gefallen – entstand das neue Empfangsgebäude, wie es auch heute noch existiert. Die Linienfahrt von Cuxhaven nach New York lebte wieder auf und dauerte bis 1966. Auch diese Schiffe wurden, wie erstmals schon 1891 zu ›Lust‹- bzw. Kreuzfahrten eingesetzt. Die Hamburg-Amerika-Linie nahm 1958 den Liniendienst mit der legendären Hanseatic wieder auf. Der ehemalige britische Luxusliner zog mit seinem Charme zahlreiche Berühmtheiten an und diente auch als Kulisse für den Film »Drillinge an Bord« mit Heinz Erhard in einer Dreifach-Rolle.

Abschied nach Amerika
Die Dauerausstellung im 1. Stock der **Empfangshalle** 15 und im Treppenhaus erzählt von der großen Zeit des Aufbruchs. Lebensgroße Dioramen aus den 1920er-Jahren stimmen in die damalige Zeit ein. Ausgesuchte Exponate in originalen Koffern enthalten die Dinge, die die Auswanderer mitnehmen wollten, etwa auch ein Beutelchen mit Heimaterde. Sie spiegeln die Trauer um die verlorene Heimat, aber auch die Neugier auf die verheißungsvolle Neue Welt wider. Briefe, Fotografien, Speisekarten der Luxusklasse und eine Kopie der Passagierliste von der Bark Maria, eines der ersten Schiffe, die über den Atlantik segelten, lassen einzelne Auswanderer aus der Anonymität treten.

Sehnsucht noch heute
Nun sind es die Kreuzfahrtschiffe, die am Kai für Trubel und Abschiedsszenen sorgen. Aus den Tränen des Abschieds ist heute jedoch ›vergnügliches‹ Fernweh geworden. Bis 1969 verdrängte die zivile Luftfahrt die Passagierschifffahrt nach Amerika immer mehr, sodass der Linienverkehr nach Amerika von Cuxhaven aus eingestellt werden musste. Fast genau 30 Jahre später, die Hafenanlage ist weitgehend renoviert, legte die Deutschland als erstes Kreuzfahrtschiff wieder vom Steubenhöft nach New York ab. Und noch immer ist der Kai ein Ort des Aufbruchs und Ziel etlicher Großdampfer, etwa der MS Bremen oder MS Vistamar, die von Mai bis September hier vor Anker gehen. Von der Galerie, der Aussichtsplattform und dem Restaurant Seestern kann man den vorbeiziehenden Schiffen hinterher träumen oder, wenn man Glück hat, ein Kreuzfahrtschiff verabschieden. Dann signalisiert wie vor über hundert Jahren das Horn die Abfahrt, die Musik spielt auf und man hebt unwillkürlich die Hand oder ein Taschentuch zum Abschied.

Infos
Führung durch die Hapag-Hallen: Termine im Veranstaltungskalender und in der Tagespresse, Beginn 11 Uhr, ca. 90 Min., 3 €; **Dauerausstellung:** Während der Öffnungszeiten des Restaurants Seestern, Eintritt frei

Essen und Trinken
Seestern 3: Restaurant am Steubenhöft, Albert-Ballin-Platz 1, Tel. 04721 66 66 15, www.seestern-cuxhaven.de, tgl. 11–21 Uhr, ab 10 €. Delikate Fischgerichte an historischer Stätte mit Blick auf den Weltschifffahrtsweg.

Tel. 04721 40 30, Aparthotel Tel. 04721 40 31 04, www.kamp-hotels.de, DZ ab 111 €, Suiten (2 Pers.) ab 151 €. Beste Lage direkt an der Strandpromenade, großzügiger Wellness- und Fitness-Bereich sowie Restaurant Vier Jahreszeiten.

Stilvoll – **Hotel Muschelgrund** **3**: Cuxhaven-Sahlenburg, Muschelgrund 1, Tel. 04721 20 90, www.muschelgrund. de, DZ ab 65 €. Komfortable, moderne Zimmer, teilweise mit Seeblick und Loggia. Im Haus Sauna, Solarium, Dampfbad und Whirlpool.

Essen und Trinken

Bester Nordseefisch – **Schloss-Restaurant** **1**: Schlossgarten 8, Tel. 04721 50 05 90, www.schloss-restaurant-cuxhaven.de, Di ab 17, Mi–So 11–14 und ab 17 Uhr, bei schönem Wetter ist der Kaffeegarten durchgehend geöffnet, ab 17 €. Spezialitäten aus der Nordsee, vom Lamm und Weideochsen, aber auch Vegetarisches, frische Kräuter aus eigenem Anbau.

Fangfrischer Fisch – **Fischereihafen** **2**: Empfehlenswert sind u. a. die Lokale Fischbörse und Altes Fischkontor (Präsident-Herwig-Straße), Bohlsen-Räucherfisch und die Fischkiste (Niedersachsenstraße). Seemannsfrühstück ab 3 €, tgl. Angebote zum Sattessen ab 7 €, tgl. 7/8–18/21 Uhr. Frischer und geräucherter Fisch aus eigener Räucherei.

Einkaufen

Frische Produkte – **Wochenmarkt** **1**: Beethovenallee, Mi, Sa Mai–Sept. 7–13, Okt.–April 8–13 Uhr.

Fußgängerzone – **Nordersteinstraße** **2**: Haupteinkaufsstraße.

Vielfältig – **Fisch- und Flohmarkt** **3**: März–Nov. 1–2 x pro Monat So 9–18 Uhr (Termine bei Cux-Tourismus GmbH). Mit Marktschreiern, Karussell, Verkauf von frischen Krabben.

Ausgehen

Urige Kneipe – **Nautiko** **1**: Poststr. 11, tgl. 19–2 Uhr. Für Leute ab Mitte 20, aber auch jüngeres Publikum. Billard- und Dartspiel.

Gemütlich – **Musikcafé Schnapp** **2**: Strichweg 9, Tel. 04721 365 19, www. musikcafeschnapp.de, tgl. ab 19 Uhr. Kneipe mit Poolbillard, Dart und Tischfußball, ab und zu Livekonzerte, eher älteres Publikum.

Sport und Aktivitäten

Strände – Die **Sandstrände** in Döse, Sahlenburg (auch Surferstrand) und Duhnen (auch FKK-Strand) sind wegen ihrer geringen Wassertiefe am besten für Kinder geeignet. **Grüne Strandwiesen** und **Bojenbäder** gibt es in Altenbruch und Grimmershörn, das Baden ist tidenabhängig.

Wellenbad – **ahoi!-Erlebnisbad** **1**: Wehrbergsweg 32, am Duhner Strand, Tel. 04721 404-500, www.ahoi-cuxhaven.de, tgl. 9–21 Uhr, Sauna 10–22 Uhr. Riesenrutsche, Saunalandschaft und Kinder-Erlebnisbereich im Meerwasser.

Beheiztes Süßwasser – **Waldfreibad Sahlenburg** **2**: Wernerwaldstr., Juni–Aug. tgl. 8–18 Uhr.

Segeln – **Im Yachthafen** **3** hinter der Seebäderbrücke und im **Altenbrucher Sportboothafen** **4** sind Gäste willkommen. Altenbrucher Seesportverein, Tel. 04722 91 20 41; Sportschifferschule Cuxhaven, Tel. 04721 462 69, www. wassersport-cuxhaven.de.

Führungen – **Küstenlotse:** Individuelle Hafenführungen und Rundgänge durch die Stadtteile, Tel. 04721 467 66, www.kuestenlotse.de, etwa 3 €.

Entdeckertouren – Ein **Faltblatt** mit vielen, kurz beschriebenen Touren liegt in den Touristik-Büros bereit oder man kann es sich im Internet herunterladen: www.cuxhaven.de.

Cuxhaven

Sehenswert
1. Alte Liebe
2. Semaphor
3. Kugelbake
4. Fort Kugelbake
5. Fischereimuseum

6. Schloss Ritzebüttel
7. Ringelnatzmuseum
8. Wrackmuseum
9. Schiffsmuseum Duhnen
10. Nationalpark-Zentrum
11. – 15. s. S. 32

Übernachten
1. Villa Caldera
2. Strandhotel Duhnen
3. Hotel Muschelgrund

Infos und Termine

CUX-Tourismus GmbH: Cuxhavener Str. 92, 27476 Cuxhaven, Tel. 04721 40-200, www.cuxhaven.de.

Quartiervermittlung in Döse: Heinrich-Grube-Weg 2, Tel. 04721 470 81, Fax 04721 470 24.

Quartiervermittlung in Sahlenburg: Nordheimstr. 35, Tel. 04721 280 28, Fax 04721 292 30.

Bahn: Hamburg–Stade–Cuxhaven stdl., www.dermetronom.de; Bremen–Bremerhaven–Cuxhaven, etwa stdl., www.bahn.de.

Bus: Stdl. zwischen Alter Liebe, Zentrum, Grimmershörn, Döse, Kurpark, Strandhaus Döse, Duhnen, Stickenbüttel (Wrackmuseum), Sahlenburg.

Jan-Cux-Strandbahn: In der Sommersaison ca. alle 2 Std. zwischen der Alten Liebe und dem Duhner FKK-Strand.

Fährlinie: Brunsbüttel-Cuxhaven für

Fußgänger und Radfahrer. Personen-Schifffahrt-Brunsbüttel, Tel. 04823 926 10, www.psb-brandt.de.

Cuxliner Stadtrundfahrten: Der Doppeldeckerbus bedient im Stundentakt 13 Haltestellen an den markantesten Sehenswürdigkeiten der Stadt. Ohne Fahrtunterbrechung 2 Std., Tel. 04721 60 06 45, www.cuxliner.de.

Cuxhavener Töpfermarkt: Juni. Rund um das Schloss Ritzebüttel.

Tag der Shanty-Chöre: Juni/Juli. Festival mit Chören aus dem In- und Ausland.

Cuxhavener Mittelalterspektakel: Aug. Im Fort Kugelbake. Gaukelei, Handwerk und Ritterspiele.

Duhner Wattrennen: Juli. Das Highlight der Saison, s. S. 19.

In der Umgebung
Neuwerk: direkt 2| ▶ S. 38

Karte: ▶ H 1 | **Wanderung:** Ab Cuxhaven, ca. 2,5–3 Std.

Wenn der Meeresboden bei Ebbe trocken fällt, schützt sich zwar im Verborgenen vor der Austrocknung, hinterlässt aber deutliche Spuren für den erfahrenen Wattführer. So kann jeder einmal einen Wattwurm, eine Muschel oder einen Krebs aus nächster Nähe besehen.

Die Geestinsel Neuwerk und die Düneninseln Scharhörn und Nigehörn bil-

den den Mittelpunkt des Nationalparks Hamburgisches Wattenmeer. Die Ebbe zieht die Nordsee ca. 15 km weit hinaus, dann kann man die 10 km vom Festland nach Neuwerk laufen. Drei Priele mit unterschiedlicher Wassertiefe sind zu durchwaten, daher ist es evtl. sinnvoll, Badezeug unterzuziehen.

Faszination Wattenmeer

Die Tiere und Pflanzen dieses hoch sensiblen Ökosystems sind wahre Lebenskünstler. Sie müssen die ausgeprägte

Dynamik von Ebbe und Flut, starke Strömungen, Sandflug sowie einen stark schwankenden Salzgehalt aushalten können. Dabei hat jeder Wattabschnitt jeweils seinen charakteristischen Bewohner: Das Schlickwatt ist die Domäne von Wattschnecke und Schlickkrebs. Im Mischwatt werfen Wattwürmer die auffallenden Kotsandhaufen auf. Da sie den Boden lockern und die Sauerstoffzufuhr begünstigen werden sie auch als ›Lunge‹ des Watts bezeichnet. Das Sandwatt erkennt man an den Miesmuschelbänken, die als ›Niere‹ das Meerwasser filtern und ihm Schadstoffe entziehen. Als ›Leber‹ entgiften die Strandkrabben die Nordsee, indem sie tote und kranke Tiere fressen. In den Prielen leben Garnelen und Seesterne, die für den Zu- und Ablauf des Wassers bei Ebbe und Flut sorgen und als Kinderstube für Jungfische, etwa Schollen oder Heringe dienen.

Vogel-Wolken

Im Herbst und im Frühjahr sieht man riesige, wolkenähnliche Vogelschwärme auf Nahrungssuche übers Watt streichen. Über hundert verschiedene Arten finden hier einen gedeckten Tisch, für etwa zwei Dutzend ist es Brutstätte. Am häufigsten trifft man auf Möwen, die auch von Weitem gut zu unterscheiden sind: Die Silbermöwe erkennt man an ihrem roten Schnabelfleck und dem hellgrauen Gefieder, die kleinere Lachmöwe an den braunen Kopffedern, die sie in der Brutzeit bekommt. Tänzelt ein schwarzweißer Vogel mit roten Beinen durchs Watt, handelt es sich um den Austernfischer, den eigentlichen Charaktervogel der Nordseeküste.

Auf Neuwerk und Scharhörn trifft man auf Scharen von Seeschwalben, die gut an der schwarzen Kopfhaube zu erkennen und an den Bein- und Schnabelfarben zu unterscheiden sind: Sie

Übrigens: Mehrere Rettungsbaken säumen den Wattwanderweg nach Neuwerk als Zufluchtsort, sollte man vom auflaufenden Wasser oder dichten Nebel überrascht werden. Der Gitterkorb schützt auch vor Gewitter (Faradayscher Käfig). Man findet Decken, Signalgeräte, Trinkwasser und Proviant, steht also sicher, bis Hilfe kommt.

sind schwarz bei der lachmöwengroßen Brandseeschwalbe, rot bei der zierlicheren Küstenseeschwalbe und gelb bei der zarten Zwergseeschwalbe.

Rundherum in einer Stunde

Nach zwei bis drei Stunden hat man **Neuwerk** 1, die einzig bewohnte Insel des Hamburgischen Wattenmeers erreicht. Für die 5 km lange Inselumrundung Neuwerks geht es immer auf der **Deichkrone** 2 entlang. Der Weg wird begleitet von Informationstafeln des Nationalpark-Erlebnispfades. Ein Muss ist die Besteigung des Leuchtturms, von dem sich ein grandioser Blick über das grüne Eiland bietet. 1299–1310 ließen die Hamburger hier einen massiven Turm errichten, das **Neue Werk** 3, um die Elbmündung besser vor Seeräubern schützen zu können. Seither wird an dem sturm- und wasserumtosten Gemäuer gewerkelt. 1814 erstrahlte erstmals ein Leuchtfeuer vom Turm, der heute der älteste noch betriebene Leuchtturm der Deutschen Bucht und Hamburgs ältestes Gebäude ist, denn seit 1969 gehört die Insel wieder zu Hamburg und die knapp 40 Neuwerker sind daher auch Einwohner Hamburgs. Viel Wissenswertes bietet das **Nationalparkhaus** 4 in seinen Ausstellungen, dort gibt es auch ein Faltblatt zu dem Erlebnispfad. Das **Bernstein-Zimmer** 5 des Ehepaars

Backhaus beweist, dass auch Bernstein immer noch im Watt zu finden ist. Es präsentiert das Gold des Nordens in unterschiedlichen Natur-Variationen und als Schmuckstücke. Die Rückfahrt genießt man auf der **MS Flipper** 6 .

Heimat des Vogelwarts

Alternativ geht eine Wattwanderung zur 6 km nordwestlich von Neuwerk liegenden Insel Scharhörn (Cuxhaven-Neuwerk per Schiff, Wanderung von Neuwerk hin und zurück ca. 5 Std., inkl. 1 Std. Inselaufenthalt). Noch bis ins 20. Jh. hinein bildete das Sandriff ein gefährliches Hindernis für Schiffe auf dem Weg in die Elbe und machte vor allem als Schiffsfriedhof von sich reden. Wegen seiner großen Bedeutung als Brutgebiet wurde es bereits 1939 zum Naturschutzgebiet erklärt. Das Betreten ist nur im Rahmen geführter Wattwanderungen erlaubt. Der Verein Jordsand ist für die Düneninsel verantwortlich und stellt den Vogelwart (www.jordsand.de). Für ihn ist es eine willkommene Abwechslung, Besucher zu empfangen und ihnen die Insel zu zeigen. Wer weiß, wie lange noch, denn die ständige Brandung nagt an deren Substanz: In den letzten Jahrzehnten ist Scharhörn um gut ein Drittel geschrumpft.

Die kleine Schwester

Um die bedrohten Brutplätze zu ersetzen, beschloss Hamburg 1989, eine neue Insel zu schaffen. Fünf Wochen lang spülten Saugbagger 1,2 Mio. m³ Sand auf eine strömungsarme Sandbank südwestlich Scharhörns, bis Nigehörn entstanden war. Dünengräser wurden gepflanzt, Vögel ließen sich nieder. Neben der Kolonie der Möwen, Seeschwalben und kleineren Brutvögeln haben sich auch Wanderfalken und Kormorane angesiedelt. Das Betreten der Insel ist gänzlich verboten, der Mensch greift nicht mehr in die Natur ein.

Infos

Schiff: Reederei Cassen Eils, Tel. 04721 350 82 84, www.helgolandreisen.de, April–Okt. mit der MS Flipper tgl. nach Neuwerk

Wattwagen: Volker Griebel, Tel. 04721 290 76, einfache Fahrt jeweils 16 €, Kombi Wattwagen/Schifffahrt 32 €

Wattführung: www.cuxwatt.de oder www.wattwandernneuwerk.de, 4 €

Ausrüstung: Gummistiefel (im Winter), alte Turnschuhe oder Aquaschuhe, Sonnenhut, Handtuch, Wechselkleidung (in einer Plastiktüte), Proviant

Ausflug nach Neuwerk

Die Wanderung beginnt in Cuxhaven am Sahlenburger oder Duhner Strand und dauert 2,5 bis 3 Std. Empfehlenswert ist die Kombination von Wattwanderung bei Niedrigwasser und – nach 2–3 Std. Aufenthalt auf Neuwerk – Rückkehr mit dem Schiff bei Hochwasser. Wer nicht laufen mag, lässt sich im Wattwagen nach Neuwerk kutschieren.

Essen und Trinken

In der **Turmschenke** 1 auf Neuwerk kann man speisen, im **Gasthof Zum Anker** 2 treffen sich die Wattführer zum Klönen. Am Leuchtturm gibt es einen Imbiss mit Kaufmannsladen.

Übernachten

Hotel Nige Hus 1 , 27499 Neuwerk, Tel. 04721 295 61, www.inselneuwerk.de, DZ ab 70, Suiten (bis 4 Pers.) ab 80 €. Zwei-, Mehrbettzimmer, Suiten, rustikale Gemeinschaftsunterkünfte, eigene Fischräucherei und Bäckerei.

Helgoland ▶ nördl. E/F 1

Deutschlands einzige Hochseeinsel ist von Cuxhaven ganzjährig zu erreichen. Sie bezaubert mit Naturschönheiten und reiner, pollenarmer Seeluft. Um an Land zu kommen, müssen die Besucher in Börteboote (offene Motorboote) umsteigen. Die Tagesaufenthalte dauern in der Regel 3–4 Std., wobei nicht nur der zollfreie Einkauf lockt. Ober- und Unterland verbindet ein kostenpflichtiger Fahrstuhl oder 184 Treppenstufen. In etwa einer Stunde umwandert man auf dem Klippenrandweg das Oberland – dabei passiert man Helgolands berühmteste Sehenswürdigkeiten: die **Lange Anna** aus rotem Buntsandstein und den **Lummenfelsen**. Deutschlands einziger Vogelfelsen ist Brutkolonie für mehr als 5000 Vogelpaare, überwiegend Dreizehenmöwen und Trottellummen. Ein spektakuläres Schauspiel bietet der Lummensprung im Juni in der Abenddämmerung: Die junge, noch flugunfähige Lumme stürzt sich vom Felsen ins Meer, geschützt u. a. durch ihr dichtes Federkleid. Dort wartet schon die Altlumme, die gemeinsam mit ihrem Jungen auf die offene See hinausschwimmt.

Im Unterland lohnt ein Besuch des **Aquariums** der Biologischen Anstalt (April–Okt. Mo–Fr 10–17, Sa/So 13–16 Uhr). Empfehlenswert ist ein Spaziergang zum Südhafen. In den bunten Hummerbuden, einst Lagerplätze und Werkstätten der Helgoländer Fischer, findet man Galerien, Antiquitäten, Kunstgewerbe, aber auch das Zentrum des Vereins Jordsand, das über Natur und Geschichte der Insel informiert.

Infos

Helgoland-Touristik GmbH: Im Rathaus, Lung Wai 28, 27498 Helgoland, Tel. 0180 564 37 37 (0,14 €/Min.), www.helgoland.de.

Schifffahrten: FRS Helgoline GmbH Tel. 0180 320 20 25, www.helgoline.de, Mai–Sept. gemütliche Fahrt mit der Atlantis oder mit dem Hochgeschwindigkeits-Katamaran Halunder-Jet. Reederei Cassen Eils, Bei der Alten Liebe 12, Tel. 04721 350 82-84, www.helgolandreisen.de, Okt.–April.

Die Hummerbuden, früher Lagerplätze der Fischer, beherbergen heute Kunstgewerbe

Dorum ▶ H 3

Das Warfendorf (3450 Ew.) ist der Hauptort des Wurster Landes, das für seine vielen Warfen (auch Wurten, daher der Name Wursten) und prächtigen Kirchen bekannt ist. Die St. Urbanus-Kirche wurde um 1200 erbaut und birgt einen Altar von 1670, der zu den größten und schönsten des Landes zählt. Sechs Kilometer entfernt liegt Dorum-Neufeld, das zugehörige Seebad mit Kutter- und Sportboothafen sowie Nationalparkhaus (in der Saison tgl. 10–18 Uhr, frei, Fahrt mit dem Krabbenkutter). Davor zeigt der Gezeitenbrunnen das Zusammenspiel von Mond, Erde und Sonne. Von Brunnen zum Kutterhafen führt ein Steg durch ein Schaubiotop, das Tiere und Pflanzen der Salzwiesen erklärt.

Das Wahrzeichen Dorums ist der bakenähnlicher Leuchtturm Obereversand, der 2003 von der Außenweser ins Deichvorland von Dorum-Neufeld versetzt wurde und nun besichtigt werden kann (www.obereversand.de, 2 €).

Niedersächsisches Deich-museum

Poststr. 16, Dorum (an der Straße nach Wremen), Mai–Okt. tgl. 14–17 Uhr, Führungen n. Anm., Tel. 04741 87 57, 1,50 €
Beeindruckende Dokumentation der Geschichte des Deichbaus und der verheerenden Auswirkungen der großen Orkanfluten.

Übernachten

Für Familien – **Cuxland Ferienparks:** Sieltrift 37, Dorum Neufeld, Tel. 04741 39 222, www.cuxland-ferienparks.de, Ferienwohnungen und -häuser, Hotelzimmer, DZ ab 63 €, FeWo ab 212 €/ Woche. 500 m vom Dorumer Kutterhafen entfernt. Am Eingang zum Ferien-park liegt das Kurmittelhaus. Außerdem gibt es dort verschiedene Restaurants, Lebensmittelladen, Kinderspielplätze, Kinderanimation.

Essen und Trinken

Gartenidyll – **Friesenhof Cornelius:** Lührentrift 2, Dorumer-Neufeld, Tel. 04741 50 00, Mi–Fr ab 17, Sa, So ab 12 Uhr, www.friesenhof-cornelius.de, 14.50–22,50 €. Gemütlich sitzt man am Kamin im reetgedeckten Friesenhaus oder im verwunschenen Garten.

Sport und Aktivitäten

Baden und Surfen ist gezeitenabhängig am grünen Dorumer Strand möglich. *Freibad* – **Schwefelsole-Wellenfreibad:** Dorum-Neufeld, Anfang Mai–Mitte Sept. tgl. 10–18 Uhr mit Grünstrand und Strandkörben am Dorumer Tief, 4 €.

Infos

Kurverwaltung Land Wursten: Am Kutterhafen 3, 27632 Dorum-Neufeld, Tel. 04741 96 00, www.wursternordsee kueste.de.
Bahn: Bahnhof in Dorum. Zwischen Bremerhaven und Cuxhaven verkehrt fast stündlich die RB, Fahrradmitnahme.
Anruf-Sammeltaxi: Fährt nach Fahrplan (www.wursterland.de), aber nur mit Anm., Tel. 0471 30 03-555, 3 €.

In der Umgebung

Cappel (▶ H 3): In dem hübschen Dorf findet man in der kleinen Kirche mit Zwiebelturm eine barocke Orgel des bedeutenden Orgelbauers Arp Schnitger aus dem Jahr 1679.

Bad Bederkesa (▶ J 4): 20 km südöstlich von Dorum liegt der mit dem Prädikat Moorheilbad ausgezeichnete Kurort am wunderschönen Bederkesaer See. Sehenswert ist die Burg mit archäologisch-kulturgeschichtlichem Museum (Okt.–April Di–So 10–17, Mai–

Sept. bis 18 Uhr, www.burg-bederkesa.de). Dokumentiert wird auch die Wurtensiedlung Feddersen Wierde, das Troja des Nordens genannt.

Wremen ▶ H 3

Ungewöhnlich dicht hinter dem Deich liegt das Bauern- und Fischerdorf auf einer Warf. Etwa ab dem 8. Jh. wurde es von Friesen besiedelt (heute 1900 Ew.). Auf der Hafenterrasse im malerischen Fischereihafen, der vom Dorfzentrum nur wenige Spazierminuten entfernt ist, kann man bei einem kühlen Bier oder einem Krabbenbrötchen die einlaufenden Krabbenkutter beobachten.

St. Willehad-Kirche
Aus der Mitte des 12. Jh. stammt das trutzige, aus Tuffstein erbaute Gotteshaus. Sehr schön ist die mit Darstellungen aus dem Alten Testament bemalte Decke von 1737.

Museum für Wattenfischerei
Wurster Landstr. 118, Mai–Sept., www.museum-wremen.de, Di–Sa 13–17, So 14.30–17 Uhr, 2 €
Dokumentation der Wattenfischerei an der Nordseeküste: von der Entwicklung der Fangmethoden über die Verarbeitung und Vermarktung des Fischfangs bis hin zu den Lebensbedingungen der Fischerfamilien.

Übernachten
Behaglich – **Pension Villa Hey:** Wurster Landstr. 93, Tel. 04705 95 00 16, www.villa-hey.de, DZ ab 55 €. Hübsche Frühstückspension, parkähnlicher Garten, 1,5 km vom Strand entfernt.
Ländlich – **Der Deichhof:** In der Hofe 27, 1 km südlich, Tel. 04705 242, www.deichhof.de, 45–140 €. Ferienwohnungen für 2–9 Pers. in einem über 200

Jahre alten, liebevoll renovierten Landgut mit großer Scheune, Bauerngarten und regensicherem Spielplatz.

Essen und Trinken
Traditionshaus – **Restaurant Zur Börse:** Lange Str. 22, Tel. 04705 12 77, www.zur-boerse.de, Küche 11.30–14.30, 17.30–21.45, Di Ruhetag, Mi erst ab 17.30 Uhr, Sa u. So reservieren, ab 11 €. »Dat historische Hus gliecks achter de Kark« ist für delikate Küche bekannt, u. a. Röhrkohl, eine Spezialität des Wursterlandes.

Sport und Aktivitäten
Baden – **Grüner Strand:** So weit das Auge reicht. Wasserrutsche mit über 100 m Länge am Wremer Strandturm.

Infos
Gästezentrum Wremen: Rolf-Dircksen-Weg 55, 27638 Wremen, Tel. 04705 210, www.wursterland.de
Bahn: RE zwischen Bremerhaven und Cuxhaven, fast stündlich, WE 2-stdl. Wremen ist nur Haltebahnhof.

Bremerhaven ▶ H 4/5

Bremerhaven (ca. 120 000 Ew.) wurde im 19. Jh. als ›Bahnhof am Meer‹ und Tor zur Welt für den deutschen Nordatlantikverkehr bekannt. Der Bau, die Ausrüstung und die Abfertigung der Auswandererschiffe ab Mitte des 19. Jh. waren wichtige Impulsgeber für die lebendige und weltoffene Stadt, die zu Bremen (nicht zu Niedersachsen) gehört. Sie wird bestimmt von riesigen Hafenanlagen, von Schiffbau und Fischindustrie und hat sich u. a. durch die Arbeiten des Alfred-Wegener-Instituts für Polar- und Meeresforschung auch als Forschungsstandort weltweit einen Namen gemacht. Bremerhavens Geschichte ist jung: Anno 1827 beschloss der Bremer Bürgermeister Johann Smidt den Bau eines neuen Hafens an der Mündung der Weser in die Nordsee, weil der Fluss zunehmend versandete und die großen Schiffe jener Zeit nicht mehr bis in die Hansestadt kamen.

Fast alle Museen und Sehenswürdigkeiten liegen am Wasser, die Kulisse bilden große und kleine Schiffe aus aller Welt. Am Alten und Neuen Hafen entstanden die Havenwelten (s. S. 51).

Klimahaus Bremerhaven 1

direkt 3| S. 45

Zoo am Meer mit Nordsee-Aquarium 2

H.-H.-Meier-Str. 7, www.zoo-am-meer-bremerhaven.de, April–Sept. 9–19, März, Okt. 9–18, Nov.–Feb. 9–16.30 Uhr, kommentierte Tierfütterung tgl. 2 x, 7 €, Mo Familientag 5 €
Der Schwerpunkt des Zoos liegt auf nordischen Tierarten. Außer Bibern,

Robben, Seehunden und einer Brutkolonie mit Basstölpeln befindet sich hier eine erfolgreiche Eisbärenzucht.

Nationalmuseum Deutsches Schifffahrtsmuseum 3

Hans-Scharoun-Platz 1, Mitte März–Okt. tgl. 10–18, Nov.–Mitte März Mo Ruhetag, 6 €
Eine umfassende Darstellung der Entwicklung der deutschen Schifffahrt, für die man sich viel Zeit nehmen sollte. Ein Herzstück der Ausstellung ist die Hansekogge, deren Rekonstruktion aus über 2000 Einzelteilen Jahrzehnte dauerte. Zum Museum gehört auch die Flotte der schwimmenden Oldtimer im Museumshafen Alter Hafen – ein Entdeckerparadies für Kinder. Die Bark Seute Deern aus dem Jahre 1919 ist der größte aus Holz gebaute Frachtsegler der Welt und zugleich das Wahrzeichen des Museums. Das U-Boot Wilhelm Bauer kann in der Saison besichtigt werden (3 €). ▷ S. 50

Die moderne Skyline der Havenwelten mit dem Atlantic-Hotel SAIL City

3 | 8° östlicher Länge – Klimahaus Bremerhaven

Cityplan: S. 48 | **Museumsbesuch:** Etwa einen halben Tag Zeit einplanen

Man muss kein Weltreisender sein, um einmal die Erde der Länge nach zu umrunden und dabei eisige Kälte in der Arktis, drückende Hitze in der Sahelzone oder feuchte Schwüle im Regenwald spüren zu können. Im Klimahaus begeben Sie sich auf einem 1 km langen Fußmarsch durch unterschiedliche Klimazonen und werden selbst zum Forscher.

Ausguck mit Weitsicht

Bevor Sie die Reise antreten, lohnt ein Panoramablick aus über 80 m Höhe vom Dach des **Atlantic Hotels Sail City** 2, dem höchsten Gebäude der Stadt. Es eröffnet sich die Aussicht auf den ehemals ältesten Stadtteil von Bremerhaven mit altem und neuem Hafen, auf dem sich die Havenwelten mit vielfältigen Museen, Restaurants und Bummelmeile etabliert haben. Dort oben

spüren sie deutlich das wechselhafte Wetter Norddeutschlands, das Sie zu Beginn der Reise auf dem achten Längengrad erwartet. Direkt zu Füßen des Hotels liegt das faszinierende Gebäude des **Klimahauses** 1. Es gleicht einem federleichten Schlauchboot, dessen Hülle aus etwa 4700 einzelnen Glasscheiben Licht und Wasser in verschiedenen Silbertönen reflektiert.

Die Reise geht los

Sie begleiten den Architekten Axel Werner auf dem Weg um den Erdball und zu den Menschen, deren Alltag und Kultur von den jeweils herrschenden Klimabedingungen beeinflusst werden. Man spürt eine besondere Nähe zu den unterschiedlichen Völkern, da diese in ihrer eigenen Sprache (Übersetzung per Kopfhörer) über ihre Lebensbedingungen erzählen.

Die Reise beginnt mit der Bahnfahrt zu einem kleinen Schweizer Bergort. Eine Almwiese. Kuhglocken-Geläut und ein beeindruckender Gletscher begrüßen den Besucher, täuschen aber nicht über die Gefahren durch das stetige Abschmelzen hinweg, etwa durch plötzlichen Steinschlag. Sardinien empfängt den Reisenden mit dem Duft einer Kräuterwiese, aus einer ungewöhnlichen Perspektive! Und man kann selbst einmal Wettergott spielen, wahlweise mit heftigem Regenschauer oder warmem Wüstenwind. Um die Ecke wird es richtig heiß: Bei 35 °C findet man sich mitten im mühevollen Alltag der Tuareg in Niger, immer auf der Suche nach Wasser, und dann im Regenwald von Kamerun bei einer Luftfeuchtigkeit um die 80 %, dem Lebensraum auch zahlreicher Reptilien. Achtung: lebender Waran…

Pause vor dem Eiskanal

Zwei Stunden sind bis dahin wie im Flug vergangen, Zeit für eine kleine Pause im **Café südwärts.** Man kann

die vielen neuen Eindrücke sacken lassen und sich abkühlen, umgeben von den ›hohen Wellen des Eismeeres‹. Eine gute Einstimmung auf den Temperatursturz im Eiskanal der Antarktis und auf der Forschungsstation, in der die Polarforscher neue Klimadaten sammeln. Der Weg durch die endlose Eiswüste wird durch die Ankunft im Paradies (?) belohnt. Auf der üppig grünen Insel Samoa mitten im Ozean mit der tropischen Unterwasserwelt und dem angenehmen Klima möchte man verweilen. Eine landestypische Wohnhütte und warmer Sand tun ihr Übriges. Aber auch diese Idylle bekommt schon Risse: Der Meeresspiegelanstieg bedroht das Land und lässt Korallenriffe absterben.

Um die Ecke macht der Geruch von Tran der erbeuteten Wale, den die Yupik traditionsgemäß jagen dürfen, auf Alaska neugierig. An dem amerikanisch orientierten Lebensstil von zwei Jungen wird deutlich, wie der Klimawandel auch einen Wandel der Kultur herbei-

Im Klimahaus führt die Reise um die Welt auch nach Samoa

führt. Unversehens ist Langeneß, die letzte Station der Reise vor der Rückkehr erreicht. Das Klima ist schon fast vertraut, doch man gerät mitten in eine Sturmflut…

Auf dem Dach der Welt

Eigentlich ist der Kopf nach dieser ungewöhnlichen Reise von etwa vier Stunden schon so angefüllt mit Neuem und Interessantem, dass eine längere Pause vor dem Besuch der Ausstellungsbereiche Elemente, Perspektiven und Chancen angesagt ist. Das Restaurant **Längengrad** 3 im Erdgeschoss bietet sich dazu an oder ein Rundblick über das Hafengelände vom Dach des Klimahauses.

Eigeninitiative ist gefragt

Auslassen sollte man die weitere Ausstellung keinesfalls. Wo sonst kann man durch eigenes Experimentieren mit den Elementen Feuer, Wasser, Erde und Luft spielerisch erfahren, wie Wetter entsteht oder wie unmittelbar die Natur auf verschiedene Einflüsse reagiert, etwa durch Auslösen von Stürmen, bei Vulkanausbrüchen oder mit ›kreativen‹ Steinen. Im Bereich der Perspektiven wird klarer: Was geschieht beim Klimawandel aufgrund natürlicher Schwankungen und was ist vom Menschen verursacht. Szenische Prognosen verdeutlichen, wie die Menschen, denen Sie auf der Reise begegnet sind in 50 Jahre leben könnten. Die Chancen zeigen, was jeder einzelne zum Klimaschutz beitragen kann. Mit der Eintrittskarte wird über ein kurzes Interview am Computer die eigene CO_2-Bilanz berechnet. Die einzelnen Stationen halten viele Tipps zur Verringerung des Ausstoßes im täglichen Leben bereit. Sie reichen vom sinnvollen Einsatz elektrischer Geräte bis zum Fahrsimulator, an dem Sie ihr Sprit sparendes Fahren überprüfen können.

Wie klimafreundlich ist das Klimahaus?

Das Gebäude versucht dem Anspruch seiner Ausstellung auch selbst gerecht zu werden. Knapp die Hälfte kann mit regenerativer Energie gedeckt werden, etwa durch Geothermie zum Herunterkühlen des Gebäudes, einer Photovoltaik-Anlage für den Strom und Regenwasser für die WC-Spülung oder zur Pflanzenbewässerung. Der Rest wird durch eine energieeffiziente Klimatechnik gestellt werden, sodass zumindest keine CO_2-Emissionen aus dem Gebäude entweichen.

Öffnungszeiten

Klimahaus Bremerhaven 8° Ost: Am Längengrad 8, Tel. 0471 902 03 00, www.klimahaus-bremerhaven.de, April–Okt. Mo–Fr 9–19, Sa/So 10–19, Nov.–März tgl. 10–18 Uhr, 13,50 €

Aussichtsplattform SAILCity: Am Strom 1, Atlantic Hotel Sail City, www.atlantic-hotels.de, April–Sept. tgl. 10–20, Okt.–März tgl. 11–17 Uhr, letzte Auffahrt 30 Min. vor Schließung

Essen und Bummeln

Längengrad: Selbstbedienungsrestaurant mit stets frisch zubereiteten Speisen im Erdgeschoss des Klimahauses.

Mediterraneo 2 **:** Am Längengrad 12, www.das-mediterraneo.com, Mo–Sa 10–20, April–Sept. auch So 12–20 Uhr, Gastronomie tgl. bis 21 Uhr. Einkaufs- und Erlebniswelt im Ambiente einer mediterranen Stadt mit Piazza unter einer gläsernen Kuppel, Arkadengängen, Markt und Brunnen.

Bremerhaven

Sehenswert

1 Klimahaus

2 Zoo am Meer

3 Deutsches Schifffahrts-
museum

4 Kunstmuseum

5 Deutsches Auswanderer-
haus

6 Historisches Museum/
Morgenstern-Museum

7 Überseehäfen

8 Container-Aussichtsturm

9 Radarturm

10 Schaufenster
Fischereihafen

Übernachten

1 Comfort Hotel Bremerha-
ven

2 Atlantic Hotel SAIL Cit

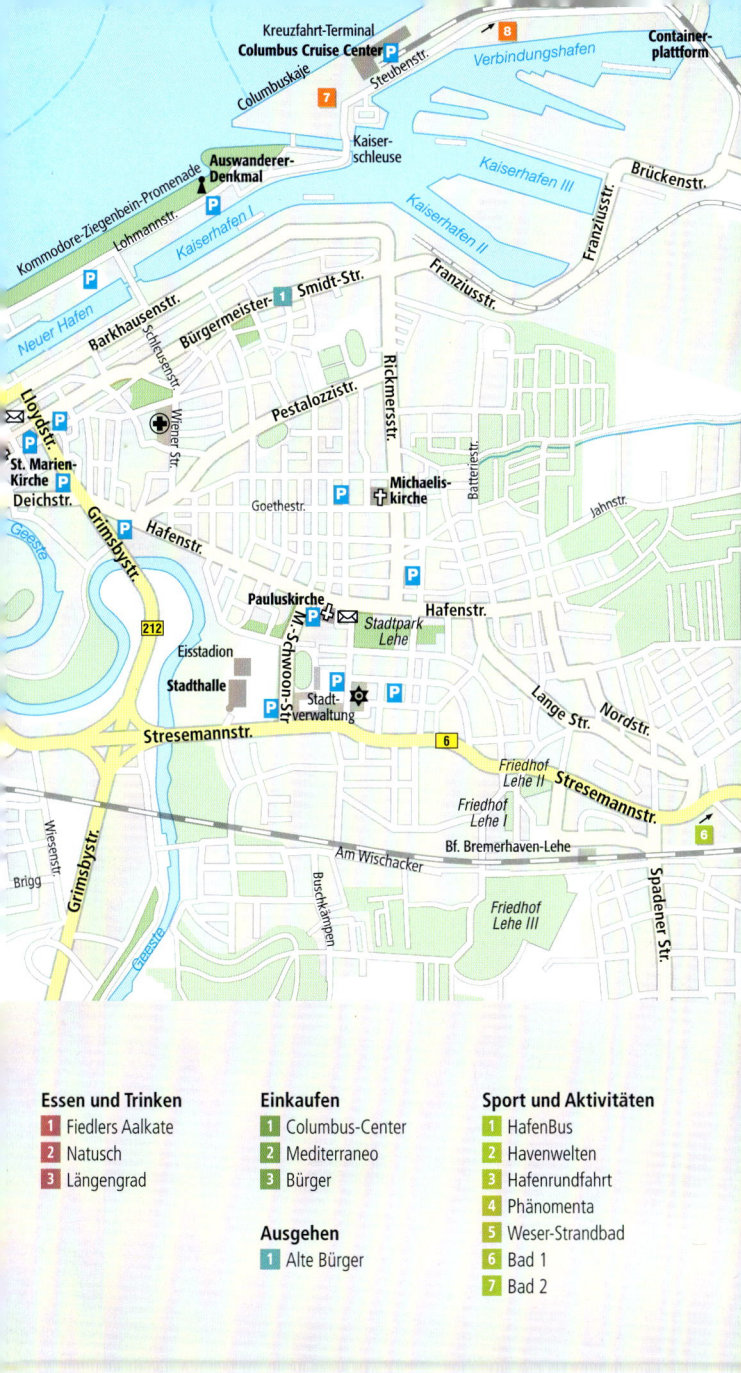

Essen und Trinken

1 Fiedlers Aalkate
2 Natusch
3 Längengrad

Einkaufen

1 Columbus-Center
2 Mediterraneo
3 Bürger

Ausgehen

1 Alte Bürger

Sport und Aktivitäten

1 HafenBus
2 Havenwelten
3 Hafenrundfahrt
4 Phänomenta
5 Weser-Strandbad
6 Bad 1
7 Bad 2

Kunstmuseum **4**

Karlsburg 1, Tel. 0471 468 38, Di–Fr 11–18, Sa/So bis 17 Uhr, 4 €

Außergewöhnliche Sammlung moderner Kunst seit den 1960er-Jahren, u. a. Raimund Girke, Stephan Balkenhol (dessen Skulptur »Arm« liegt vor dem Schifffahrtsmuseum) oder Manfred Pernice.

Deutsches Auswandererhaus **5**

Columbusstr. 65, Tel. 0471 90 22 00, www.dah-bremerhaven.de, März–Okt. tgl. 10–18, Nov.–Feb. tgl. 10–17 Uhr, 10,80 €, Familien 26 €, Kombikarten mit dem Schifffahrtsmuseum 13 €, Familien 33 €

Dort, wo früher die großen Auswandererschiffe mit Kurs Amerika ablegten, befindet sich heute ein spannendes Museum für die ganze Familie. Auf dem Rundgang in faszinierenden Kulissen wird die Lebensgeschichte von Auswanderern und deren Nachfahren im heutigen Amerika nacherlebt. Café-Restaurant im Foyer.

Historisches Museum/ Morgenstern-Museum **6**

An der Geeste 6, Di–So 10–18 Uhr, www.historisches-museum-bremer haven.de, 4 €

Geschichte und Volkskunde werden beleuchtet. Man blickt in die Arbeits- und Alltagswelt der Küstenbewohner. Museumscafé mit Aussicht auf die Geeste.

Überseehäfen **7**

Ein spannendes Stück Bremerhaven ist die Columbuskaje, der berühmte ›Bahnhof am Meer‹. Die Kaianlage, ursprünglich für die Passagierschiffe nach Übersee gebaut, wurde 1975 zum Stückgutterminal umfunktioniert. 2003 eröffnete dort das Columbus Cruise Center, das modernste Kreuzfahrt-Terminal Europas. Nichts ist übrig geblieben von der alten Anlage, alles ähnelt einem modernen Flughafen. Im kostenlosen Info-Journal »Windrose« stehen die Termine der Anläufe von Kreuzfahrtschiffen, erhältlich in der Tourist-Info oder unter www.crui seport.de. Vom **Container-Aussichtsturm 8** (tgl. ganztags, gratis) an der

Das Deutsche Auswandererhaus ist ein spannendes Museum für die ganze Familie

Die auffälligen optischen Signale für die Schifffahrt sind noch heute in Funktion: Das **Semaphor** (1893, rekonstruiert 2005) am Schlepperpier, das Windrichtung und -stärke von Borkum und Helgoland anzeigt, sowie der **Wasserstandsanzeiger** (1903, 2003 reaktiviert) am Strandbad, an dem sich die Wasserstände auf der Weser im Bereich der Geestemündung anhand von Bällen (1 B. = 1 m) und Kegeln (1 K. = 20 cm) ablesen lassen. Der Pfeil zeigt Ebbe, Flut oder Stauwasser an. Den aktuelle Wasserstand sendet das Wasser- und Schifffahrtsamt Bremerhaven.

1931 erbauten Nordschleuse blickt man auf das Container-Terminal Wilhelm-Kaisen, das längste und größte zusammenhängende Terminal der Welt. Ein etwas anderer Blick über die Seehäfen bietet sich vom **Radarturm** 🟧**9** des Wasser- und Schifffahrtsamtes (Saison Mi–So 11–18 Uhr, sonst nur So, 1 €).

Übernachten

Modernes Design – **Comfort Hotel Bremerhaven** 🟥**1**: Am Schaufenster 7, Tel. 0471 932 00, www.comfort-hotel-bremerhaven.de. DZ ab 94 €. Besticht durch die Lage am Fischereihafen, komfortable Zimmer, ausgezeichnete Küche.
Wellness – **Atlantic Hotel SAIL City** 🟩**2**: Am Strom 1, 27568 Bremerhaven, Tel. 0471 30 99 00, www.atlantic-hotels.de, EZ ab 138, DZ ab 178, Studio ab 240, Suite ab 340 €. Moderne, zurückhaltend ausgestattete Zimmer mit Blick auf die Weser, über den Fischereihafen oder zum Containerterminal. Erlesene Gastronomie im Haus.

Essen und Trinken

Traditionshaus – **Fiedlers Aalkate** 🟥**1**: Schaufenster Fischereihafen, Tel.

0471 932 23 50, www.aalkate.de, tgl. 12–14.30 und 18–21.30 Uhr, ab 12 €. Fischspezialitäten in gediegen flämischem Ambiente. Fiedlers Räucherdiele, www.raeucherdiele.de, nebenan bietet Speisen für den schmaleren Geldbeutel (SB), im Sommer auf der Außenterrasse rund um einen Finkenwerder Kutter.
Für Feinschmecker – **Natusch** 🟩**2**: Am Fischbahnhof 1, Fischereihafen Mitte, Tel. 0471 710 21, www.natusch.de, Di–So 11.45–15, 17.30–22 Uhr, 18,50 € (Labskaus)–26,50 € (Nordsee-Steinbutt). Gepriesenes Nobelrestaurant, frischer Fisch vom Feinsten.

Einkaufen

Windgeschützt – **Columbus-Center** 🟥**1**: Einkaufsmeile mit Geschäften, Cafés, Kinos usw. im unteren Stock des Hochhauskomplexes oder auch das **Mediterraneo** 🟩**2**: s. S. 47
Alteingesessen – **Bürger** 🟦**3**: Der Einkaufs- und Bummelboulevard erstreckt sich hinter dem Columbus Center.

Ausgehen

Am Schaufenster Fischereihafen ist abends immer etwas los. Die Szene-Kneipenmeile aber ist die **Alte Bürger** 🟥**1**, wie die Bremerhavener ihre Bürgermeister-Smidt-Straße nennen.

Sport und Aktivitäten

Im Doppeldecker – **HafenBus** 🟥**1**: Geführte Touren, im Sommer 2 x, im Winter 1 x tgl. Vom Schaufenster Fischereihafen zum Containerterminal im Überseehafen, mit Abstecher zum Autoterminal und zur Lloyd Werft, ca. 2 Std., 10 € (Karten-Vorverkauf in der Touristik-Info).
Gestern und heute – **Havenwelten** 🟩**2**: Im Gebiet des Alten und Neuen Hafens erfährt man vieles zur Geschichte und den gigantischen Bauvorhaben, die mit einer dritten Stadtgründung verglichen werden, 2 Std., 8,50 €.

Im historischen Hafen entstand mit dem **Schaufenster Fischereihafen** **10** eine Erlebnismeile mit maritimen Geschäften und Gastronomie: von der Hafenkneipe bis zum Feinschmeckerrestaurant. Im Seefischkochstudio erhält man Tipps, wie man die Meeresköstlichkeiten am besten zubereitet. (www.schaufenster-fischereihafen.de). Einen Besuch lohnt auch das Atlanticum mit Aquarium, Filmen und Wissenswertem über Meer und Fische (tgl. 10–18 Uhr, 4,10 €, Familien 8,70 €). Das Museumsschiff FMS Gera am Kai, der letzte deutsche Seitentrawler, vermittelt ein Bild vom Leben und Arbeiten in der Hochseefischerei (Juni–Sept. tgl. 10–17 Uhr).

Bootstour – **Hafenrundfahrt** **3**: Ab Neuer Hafen Südkaje durch die Überseehäfen zum Containerterminal und zur Columbuskaje. Mehrmals tgl., Dauer 1 Std., Tel. 0471 41 58 50, www. hafenrundfahrt-bremerhaven.de, 9 €.

Physik zu Anfassen – **Phänomenta** **4**: Hoebelstr. 24, Tel. 0471 41 30 81, im Schaufenster Fischereihafen.

Strandleben – **Weser-Strandbad** **5**: An Bremerhavens Strand zum Sonnenbaden werden in der Hochsaison wunderbare Cocktails serviert. Mitte April–Sept. tgl. 10–20 Uhr, 1,50 €.

Baden – **Bad 1** **6**: Kurt-Schumacher Str. 14, Mo–Sa 8–21, So 8–20 Uhr, www.baeder-bhv.de (beide Bäder). Erlebnisbecken und 72-m-Rutsche, Wasserfall sowie verschiedene Saunen.

Bad 2 **7**: Schillerstr. 144, Mo–Sa 8–22, So 8–20, Sauna ab 9 Uhr. Wellness-Bad mit Sauna- und Badelandschaft, Whirlpool, Aquakursen, Unterwassermassage ... Der Grundpreis liegt in beiden Bädern bei 4 € für 2.30 Std., Tageskarte 6 €.

Infos und Termine

BIS Bremerhaven Touristik: Tourist-Center Hafeninsel, im ehemaligen Proviantlager des Norddeutschen Lloyd, H. H.-Meier-Straße 6, 27568 Bremerhaven, Tel. 0471 41 41 41, www.bremer haven-touristik.de, März–Okt. tgl. 9.30–18, Sa/So ab 10, im Winter bis 17 Uhr. Weitere Tourist-Infos gibt es auf der Havenplaza sowie im Schaufenster Fischereihafen.

Schiff: Die Weserfähre (Bremerhaven–Blexen/Nordenham) verkehrt Mo–Fr alle 20 Min., Sa/So mind. alle Std., www. weserfaehre.de.

Radstation: Am Schaufenster 6, bei der Tourist-Info. Fahrradvermietung, Reparaturservice, Radkarten.

Sail Bremerhaven: Alle fünf Jahre (2015) Ende August treffen sich über 200 Windjammer aus aller Welt in Bremerhaven.

Fischparty: Bei diesem Wochenendfest Ende April im Schaufenster Fischereihafen dreht sich alles um Fisch und Schiffe, mit jeder Menge Köstlichkeiten aus Neptuns Reich, Shanties und Schiffsbesichtigungen.

Das Wochenende an der Geeste: Juni. Festivalmeile zum Mitmachen und Klönen zwischen altem Handwerk, Oldtimern der Seefahrt, Kutterfahrten, Livemusik auf der Geestekaje vor dem Historischen Museum.

Bremerhavener Festwoche: Juli. Viel Musik, Essen und Trinken, viele Schiffe, Handwerkermarkt, Feuerwerk.

In der Umgebung

Leuchtturm Roter Sand (▶ F 2): Zum 1885 erbauten Bilderbuchleuchtturm in der Wesermündung werden von Juni bis Mitte September Tagesausflüge und Übernachtungsfahrten angeboten (74 €/Pers., Übernachtungstörn 2/3 Tage 488/573 €, BIS Bremerhaven Touristik, s. o.).

Rund um den Jadebusen

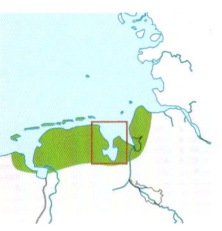

Die Jade ist ein relativ unbedeutendes Küstenflüsschen, das sich im Moor um Rastede bildete. Da das Binnenland hier teils tiefer als der Meeresspiegel liegt, muss das Land künstlich entwässert werden. Über 20 Schöpfwerke arbeiten der Jade zu, bis sie das Wasser an den Jadebusen abgibt. Dieser entstand durch eine Sturmflut, bei der eine Landfläche von 190 km² überflutet wurde und ist inzwischen von großer Bedeutung, da er seit der Gründung Wilhelmshavens im Jahr 1853 die Hafeneinfahrt frei spült. Mit jeder Tide strömen hier 450 Mio. m³ Wasser ein und aus, die teils durch einen 5 km langen Leitdamm in die Fahrrinne gelenkt werden. Dadurch konnte Wilhelmshaven – als einziger Hafen an der flachen Gezeitenküste – zum Tiefwasserhafen ausgebaut werden.

Butjadingen ▶ F–H 4

Die grüne Halbinsel (ca. 6400 Ew.) zwischen Jade, Weser und Nordsee ist von einem 35 km langen, bis zu 9 m hohen Seedeich umgeben. Butjadingen – der Name kommt von buten (außerhalb, also Land jenseits der Jade) – ist so flach, dass es in der furchtbaren Weihnachtsflut von 1717 bis zu 5 m hoch überflutet war. Es gab keine Stelle, auf der, wie es in der Chronik heißt, »die größten Schiffe nicht hätten aus- und einfahren können« – wohlgemerkt über dem festen Land. Die Halbinsel strahlt viel Ruhe aus und Durchgangsverkehr kennt man hier nicht, fast fühlt man sich am Ende der Welt.

Langwarden ▶ G 4

Trotz ihrer exponierten Lage an der Nordspitze Butjadingens blieb die wuchtige **St. Laurentius-Kirche,** ein romanischer Tuffsteinbau, bis heute erhalten. Die 1650/51 erbaute Orgel ist die älteste in Butjadingen, im Sommer finden hier regelmäßig Konzerte statt. Vor dem Deich erstreckt sich der **Langwarder Groden,** ein bedeutendes Brutrevier, um das ein 7 km langer Wanderweg auf der Deichkrone herumführt.

Fedderwardersiel ▶ G 4

Der malerische Sielhafen ist die Perle der Halbinsel. Gut ein Dutzend Fischkutter laufen in der Saison täglich zum Fang aus. Das unter einem Dach vereinte **Nationalparkhaus/Museum** liegt am Hafen. Veranschaulicht werden das Ökosystem Wattenmeer und die Kulturlandschaft Butjadingens (Am Hafen 4, Tel. 04733 85 17, www.museum-fedderwardersiel.de, Mitte März–Okt. tgl. 10–18 Uhr, im Winter Mo geschl., 3,50 €. Wattwanderungen ab Nationalparkhaus/Museum Mo–Sa, Info Tel. 04733 16 33, 4 €).

Kunst in Butjadingen ▶ F/G 4

Siebzehn »Skulpturen im Wind« stehen am Strand, auf dem Deich oder an anderen exponierten Stellen von Burhave bis Eckwarden. Darunter zwei *Vertell-*

stöhl, die etwa, wie in Fedderwardersiel, mit Text- und Musikcollagen über die drohende Verschlickung des Siels erzählen. Ein Faltblatt mit den Standorten gibt es im Touristik-Büro.

Übernachten

Platz zum Spielen – **Heuhotel/Kinderbauernhof Francksen:** Butjadinger Str. 30, Ruhwarden, Tel. 04736 232, www.heuhotel-ruhwarden.de. Übernachten im Salzwiesenheu, Mai–Okt., 14 €, Kinder 7–14 € inkl. Bauernfrühstück; Schlafsack und Taschenlampe müssen mitgebracht werden. Einfache Wohnung für 4–5 Pers. ab 40 €. Ferien auf einem bewirtschafteten Bauernhof: Kühe, Kälber, Schafe, ein Pony, Hund und Katzen.

Komfortabel – **Pension Schild:** Strandallee 46, Tossens, Tel. 04736 92 60, www.pension-schild.de, DZ 77–86 €. Großes Haus am Seedeich, dennoch gemütlich, Hallenbad und Sauna sowie Restaurant und Terrassencafé.

Essen und Trinken

Rustikal – **Zum Rauchfang:** Sillens bei Burhave, Tel. 04733 717, www.rauchfang-sillens.de, Mi–Sa 18–22, So 12–14, 18–22 Uhr. Der Schwenkbraten (11,80 €) wird im offenen Kamin zubereitet. Es gibt ihn als Filet, mager und durchwachsen, serviert mit Salat und Zwiebelbrot, Biergarten und gepflegter Garten zum Spazieren.

Urgemütlich – **Café Ekke Nekkepenn:** Kurz vor Langwarden, Burmeidsweg 1, Mo Ruhetag, 14–18 (Nebensaison bis 17) Uhr, mit Rosengarten und Terrasse, friesische Teezeremonie, leckerer, selbstgebackener Kuchen. Hofladen und Teekontor, auch 10–12.30 Uhr.

Einkaufen

Landidylle – **Hof Iggewarden:** Abzweig zwischen Langwarden und Burhave, ab 11 Uhr Tel. 04733 317, www.hof-iggewarden.de. Regionale Spezialitäten. Restaurant in der Bauernscheune und auf den Sommerterrassen im Rosengarten (7–13 €). Nicht nur Kindern gefällt ein Hofrundgang mit Tierfütterung und einer Partie Friesengolf.

Frisch aus dem Meer – **Butjadinger Fischereigenossenschaft e. G.:** Am Hafen 1, Fedderwardersiel, Tel. 04733 921 97 14, www.krabbenausfedsiel.de, tgl. 9–12.30, 14–18 Uhr. Frische Krabben mit Pulanleitung.

Gut ein Dutzend Fischkutter ist in Fedderwardersiel beheimatet

Am Ende des Burgwegs liegt eine kleine **Schokoladenmanufaktur,** in der himmlische Pralinen, Schokoladen und Trinkschokolade hergestellt werden. Man kann die Köstlichkeiten im gemütlichen Hofcafé genießen oder bestellen (Kastanienhof, Hofcafé und Schokoladen, Butjadingen, Burgweg 39, Mitteldeich, Tel. 04735 81 00 50, www.meinschokotraum.de, Ostern–Ende Okt. Sa/So/Fei ab 14 Uhr).

Sport und Aktivitäten

Blaues Wunder – **ffn-Nordseelagune:** Burhave, www.ffn-nordseelagune.de, Saison tgl. 10–18 Uhr, wenn die Sonne scheint (Juni–Aug.) bis 20 Uhr, 5 €. Künstlicher, tideunabhängiger Meerwasser-Badesee (45 000 m^2) mit Sandstrand, Badeinsel, Bootsverleih, Wasser-Abenteuerspielplatz.

Mit dem Rad – **Radwanderwege:** 250 km lang, eingebunden in das Radwegenetz Deutsche Sielroute, Weser-Radweg und den Nordseeküsten-Radweg, Radwegekarten in den Touristen-Infos; Ein Fahrradbus verkehrt Mitte April–Mitte Okt.

Ausflugsfahrten – **MS Wega II:** Info und Anmeldung Tel. 04736 10 33 02, Mobil: 0172 411 79 02, www.wega2-info.de, 7,50–16 €. Ab Fedderwardersiel, tgl. zu den Seehundbänken, nach Bremerhaven, zum Leuchtturm Robbenplate oder Roter Sand, sowie ins Wattenmeer mit Netzfischfang.

Infos und Termine

Tourismus-Service Butjadingen GmbH: Strandallee 57, 26969 Butjadingen (Burhave), Tel. 04733 92 93 40, www.butjadingen.de.

Bus: Regelmäßig zwischen Nordenham und Butjadingen, im Sommer Fahrradmitnahme. Verkehrsbetriebe Weser-marsch, Tel. 04731 86 40, www.vbw-wesermarsch.de.

Schiff: Reederei Warrings, Tel. 04464 949 50, www.reederei-warings.de, Juni–Aug. Personen-/Radfahrerfähre Eckwarderhörne–Wilhelmshaven.

Traditionelle Kutterregatta: Juli in Fedderwardersiel.

Lagune in Flammen: Ende Aug. In Burhave wird die ffn-Nordseelagune in ein Meer aus Lichtern getaucht. Am Wochenende Musik und viele Aktionen.

Bauern- und Handwerkermarkt: 3. Okt. Im Hafen von Fedderwardersiel dreht sich alles um das Handwerk und regionale Produkte.

Varel ▶ F 5

Schon im 16. Jh. erkoren die Oldenburger Grafen Varel (ca. 25 000 Ew.) zu ihrem Sommersitz. Ihr Schloss wurde jedoch 1871 dem Boden gleichgemacht, nur der Schlossplatz erinnert an den Fürstensitz. Eine gute Aussicht über die Stadt zwischen Wald und Meer bietet sich vom alten Wasserturm (Oldenburger Str. 62, tgl. 8–16 Uhr) am südlichen Stadtrand.

Schlosskirche

Am Schlossplatz, Mai–Aug. 11–16 Uhr Die alte friesische Wehrkirche entstand ab Mitte des 12. Jh. in mehreren Bauabschnitten. Die überaus prächtige Ausstattung – Altar, Kanzel (1613/1614) und Taufstein (1618) – sind Werke des berühmten Hamburger Bildhauers Ludwig Münstermann.

Heimatmuseum im Schienfatt

Neumarktplatz 3, Mai–Okt., Mi, So 10–12 Uhr Sammlung zur Geschichte des Ortes und der Edlen Herrschaft Varel ab 1667 sowie ein Modell des Schlosses.

Ein Meisterwerk aus dem 17. Jh: der prächtige Altar der Schlosskirche in Varel

Vareler Mühle

Die beeindruckende Kappenwindmühle beherbergt eine heimatkundiche Sammlung (**direkt 4** S. 57).

Hafen

Einige Kilometer nördlich des Ortes liegt der schönste Teil Varels. Durch die 1977 angelegte Seeschleuse wurde der Hafen vom Meer abgetrennt, doch Fischkutter und Sportboote legen weiterhin an. Dort findet man auch das Kuriositätenmuseum Spijöök (www.menschenmuell.de, Mitte Mai–Mitte Sept. Sa/So 15–17 Uhr). Es beherbergt eine skurrile Mischung von Seemannslegenden, Kuriositäten und regionalen Unwahrheiten.

Übernachten

Gediegenes Ambiente – **Hotel Friesenhof:** Neumarktplatz 4–6, Tel. 04451 92 50, www.hotel-friesenhof.de, DZ ab 75 €. Traditionsreiches Hotel im Herzen der Stadt mit Sauna und Fitnessraum.

Essen und Trinken

Freundlich, touristisch – **Fischrestaurant Aal und Krabbe:** Vareler Hafen, Tel. 04451 30 91, www.aalundkrabbe.de, in der Saison tgl. 11.30–14.30 und ab 17.30 Uhr Fischbuffet (13,50, So 14,90 €), Gerichte ab 9,50 €. Der Fisch ist frisch vom Kutter, die Krabben sind von Hand gepult, man sitzt direkt am Wasser.

Einkaufen

Frische Produkte – **Wochenmarkt:** Neumarktplatz, Mi, Sa 7.30–12.30 Uhr.

Ausgehen

Immer mittwochs – **Live-Musik:** Im Sommer auf dem Schlossplatz mit Essen und Trinken, 18–22 Uhr.

Selbstgebrautes – **Vareler Brauhaus:** Am Hafen 2a, www.vareler-brauhaus.de, Mo–So ab 18 Uhr. In hübscher Lage am Hafen, mit Terrasse. Man kann auch beim Brauen des Tide-Bieres zuschauen. ▷ S. 60

Karte: ▶ E/G 4/5 | **PKW- oder Radtour:** Ab Nordenham, ca. 80 km

Das Land an der Küste ist Müh-
lenland. Einst mahlten sie Korn,
pressten Öl und schöpften Wasser. Und heute noch ziehen die
weithin sichtbaren Wahrzeichen
die Menschen an. Eine Führung
gibt Einblicke in die faszinierende Technik, bei der alle Rädchen
ineinander greifen.

Glück zu!

Mit dem traditionellen Gruß der Müller
geht es mit dem Auto oder per Rad auf
eine wunderschöne Mühlentour von
Nordenham nach Wilhelmshaven, rund
um den Jadebusen. Nur wenige Mühlen
sind heute noch in Betrieb, sie werden
u. a. als Museum, Kulturzentrum, Biola-
den oder Café genutzt.

Damit die einst lebensnotwendigen
Bauwerke nicht ganz aus der Landschaft verschwinden, kümmern sich öf-
fentliche und private Vereine um deren
Erhalt.

Der Dreistöckige
Galerieholländer

Im Nordenhamer Stadtteil Abbehausen
steht die 1840 erbaute und 1904 nach
einem Brand wieder errichtete **Moorseer Mühle** **1**, die mit der doppelten
Windrose eine Besonderheit zeigt. Die
Mühle blieb bis 1977 in Betrieb. Sie
überdauerte damit zunächst das große
Mühlensterben, das zu Beginn des
20. Jh. mit der Motorisierung durch
Dampfmaschinen und später durch
Elektromotoren einsetzte. Der Staat tat
ein Übriges: 1957 trat ein Mühlenstillle-
gungsgesetz in Kraft, mit dem die
Schließung von Mühlen finanziell unter-
stützt wurde, interessant waren nur ren-
table Großmühlen. Inzwischen ist der
Mühlenhof von Müllermeister Reinken
zu einem Mühlen- und Landwirtschaftsmuseum ausgebaut, das die Geschichte
der Müllerei sowie der Getreideverar-
beitung von den Anfängen bis zur Tech-
nisierung der Landwirtschaft zeigt. Ver-

Übrigens: Wer mit dem Rad eine Rundtour machen möchte, kann die Fußgänger- und Radfahrerfähre von Wilhelmshaven nach Eckwarderhörne nehmen (s. S. 55) und so die Runde um den Jadebusen schließen.

anstaltungen zu historischen Themen werden organisiert, wobei – wie beim großen Mühlenfest Ende August – auch das Lokomobil, die fahrbare Dampfmaschine, vorgeführt wird.

Noch funktionstüchtig

Die lauffähig restaurierte **Seefelder Mühle** 2 aus dem Jahr 1876 bietet sich für eine Kaffeepause an. Man sitzt gemütlich im ehemaligen Maschinenhaus und lässt sich mit selbstgebackenem Kuchen verwöhnen. Die Mühle selbst gibt als Kulturzentrum Raum für Trauungen, Veranstaltungen, Ausstellungen sowie für Märkte und Feste. Die Moorseer und die Seefelder Mühlen sind die beiden einzigen vollständig erhaltenen Mühlen von den etwa 120, die einst im Landkreis Wesermarsch das Korn mahlten.

Eine einzigartige Welt

Bei Sehestedt lohnt ein Abstecher zum **Schwimmenden Moor** 3, das vor dem Deich in direktem Kontakt zum Meer liegt. Dieses Außendeichmoor ist der Rest eines riesigen Hochmoores, das noch vor 1000 Jahren fast den gesamten heutigen Jadebusen bedeckte. Bei schweren Sturmfluten klappt das Moor auf, hebt sich vom schweren Kleiboden ab und schwimmt auf. Trotzdem zerrt die Nordsee am Moor und reißt immer wieder einzelne Stücke, Dargen genannt, ab und verdriftet sie. Das Moor darf nicht betreten werden, ein kurzer Bohlenweg führt zu einer Hütte, von der aus man die Vogelwelt beobachten kann.

Die Kappenwindmühle

Die fünfgeschossige **Vareler Mühle** 4 beeindruckt mit wahrlich außergewöhnlichen Ausmaßen. Von der mehr als 15 m hohen Galerie schweift der Blick weit über das umliegende Land, und nach oben bis zur Kappe ragen noch einmal so viele Meter in den Himmel. Da wundert es nicht, dass hier der größte, in Deutschland bekannte Mühlstein zu finden ist, mit beachtlichen 2 m Durchmesser und 4 t Gewicht. In der Mühle und der Remise ist eine heimatkundliche Sammlung untergebracht, u. a. mit Handwerksstätten, landwirtschaftlichen Geräten und chromblitzenden Oldtimern.

Eine sich selbst überlassene Wildnis

Im Dreieck Bockhorn, Zetel und Neuenburg liegt der **Neuenburger Urwald** 5, ein etwa 25 ha großes Naturschutzgebiet mit über 600-jährigen Baumriesen. Beachtlich sind in dem ehemaligen Hude (Hüte)-Wald neben den knorrigen Eichen und Hainbuchen die Ilex-Büsche, die baumartig bis über 10 m hoch wachsen. Buschwindröschen, Goldnessel, Sternmiere oder Storchenschnabel setzen farbige Punkte neben den Wegen. Die abgestorbenen Stämme und Äste gaukeln Urwaldtiere vor, und der vielstimmige Chor der über 30 Brutvogelarten tut sein Übriges, um die Stimmung zu verzaubern. Eine gute Gelegenheit, die Tour erneut zu unterbrechen für einen kleinen Rundweg (Parkplatz Urwaldhof mit Infotafel, an der B 437).

Frisch gemahlen

Nordwestlich von Neuenburg trifft man auf die **Rutteler Mühle** 6, eine Korn- und Sägemühle von 1865. Etwa 200

Tage im Jahr reicht auch heute noch die Windstärke aus, um Getreide zu mahlen. Müllermeister Egenhoff setzt dabei immer wieder das einzigartige horizontale Sägegatter in Betrieb. Getreideprodukte und Naturkostwaren werden im Mühlenladen nebenan angeboten. Selbstgebackenen Kuchen und eine Tasse Ostfriesentee genießt man im Dielen-Café oder dem kleinen Garten.

Der Erdholländer

Allein auf grüner Flur, fast ein wenig geduckt, steht die Reet gedeckte **Wedelfelder Mühle** 7 , die einzige regelmäßig in Betrieb gehaltene Wasserschöpfmühle in Friesland. 1844 erbaut, diente sie der Entwässerung der tiefer gelegenen Marschen. Über Achsrad, Königsspill und Schraubenräder treibt sie zwei Archimedische Schrauben an. Bei gutem Wind fördern diese etwa 40 m³ pro Minute von der Niederung in das 70 cm höher gelegene Neustädter Tief, welches das Wasser in den Jadebusen ableitet.

Ein reizendes Ensemble

Die **Oberahmer Peldemühle** 8 hat eine bewegte Geschichte: Nicht nur, dass Graf von Gödens die Mühle in Oberahm und damit im damaligen Ausland bauen ließ, wodurch es zu Abgabestreitigkeiten mit Preußen kam, sondern auch beim Bau selbst ereignete sich Dramatisches. Lassen Sie sich bei einer Führung erzählen, warum die Silhouette einer Katze das eine Ende des Bremsbalkens schmückt! Der Kräutergarten mit seinen Heil- und Würzpflanzen, der damals zum Wohle aller entstand, wird noch heute gepflegt.

Vom Korn zum Brot

Kurz vor Wilhelmshaven ist bei **Accum** 9 eine vorbildlich restaurierte Getreide- und Peldemühle von 1746 zu besichtigen. Durch das Pelden (Schälen) wurden aus der Gerste Graupen gewonnen. Wieder aufgefunden wurde der Gründungsstein des Mühlenbaus. Die Übersetzung der lateinischen Inschrift lautet: »Du hast recht, hier siehst du keine Maße der sich stolz brüstenden ägyptischen Pyramiden …, aber einen Mühlstein, der sie an Nützlichkeit überragt«. Man kann hier den Werdegang vom Korn zum Brot verfolgen und das Ergebnis im Café gleich probieren.

Infos

Friesische Mühlenstraße: www.friesische-muehlenstrasse.de, die Tour folgt auf ca. 80 km der Mühlenstraße
Moorseer Mühle: April–Okt. Di–So 10–17, Nov.–März So 14–17 Uhr, Mi 15 Uhr Führung (1,50 €), Di/Mi in der Saison 11 Uhr Backtag (2,50 €), Di/Mi, So ab 13 Uhr Museumscafé, www.museum-moorseer-muehle.de
Seefelder Mühle: Café Okt.–Mai Sa/So 14–18, Juni–Sept. tgl.12–18 Uhr, jeden ersten So im Monat Landfrauenmarkt 10–16 Uhr, www.seefelder-muehle.de
Vareler Mühle: Tel. 04451 829 47, ganzjährig Sa 10–12, Mai–Okt. Mi, Sa/So 10–12 Uhr
Rutteler Mühle: Café Di–So 14–18 Uhr, So Frühstückbuffet, Naturkostladen Mo–Fr 9–12.30, 14–18, Sa 9–12.30 Uhr, Führungen durch die Mühle nach Anm. Tel. 04452 333, 1 €
Wedelfelder Mühle: Meist Sa nachmittags oder nach Vereinb., Tel. 04422 750
Oberahmer Peldemühle: Sanderahm, Tel. 04422 14 86, Besichtigung nach Anmeldung
Accumer Mühle: April–Okt. Sa/So 14–17 Uhr, Café in der Scheune, in der Saison 1 x im Monat Backtag

Unterwegs mit dem Bootsoldtimer Etta von Dangast

Infos

Kurverwaltung Nordseebad Dangast: DanGastHaus Am Alten Deich 4–10, 26316 Dangast, Tel. 04451 91 14 13, www.dangast.de, www.varel. de. Mo–Fr 9–12.30, 14–17, So 9–12, im Sommer auch Sa 14–17 Uhr.
Bahn: Varel liegt an der Strecke Oldenburg–Wilhelmshaven.
Bus: Regelmäßige Verbindung Dangast–Varel.

In der Umgebung

Tier- & Freizeitpark Jaderberg (▶ F 6): Tiergartenstr. 69 (9 km südlich Varel), www.jaderpark.de, tgl. 9–18 Uhr, im Winter kürzer, 13,50 €. Über 600 Tiere, dazu Achterbahn, Spielscheune…
MS Etta von Dangast (▶ F 5): Der Oldtimer kreuzt von Dangast aus im Jadebusen, nach Wilhelmshaven, zu den Seehundbänken und zum Leuchtturm Arngast (keine Besichtigung). Aushang am Hafen oder Tel. 04451 79 63, www.ettavondangast.de.
Dangast: `direkt 5▶` S. 61

Wilhelmshaven ▶ F 4/5

Die ›grüne Stadt am Meer‹ (ca. 82 000 Ew.) hat eine junge Geschichte: 1853 kauften die Preußen vom Großherzog von Oldenburg für 500 000 Taler das Land an der Jademündung, um in dem durch die Sturmfluten des Mittelalters zerrissenen Marschgebiet einen Hafen für die Marineeinheiten zu bauen. Noch heute ist die Stadt der größte Stützpunkt der Bundesmarine und zählt als einziger Tiefwasserhafen Deutschlands zu den wichtigsten europäischen Umschlagplätzen für Rohöl.

Der schönste Teil von Wilhelmshaven ist der Südstrand, eine Promenade mit Cafés, Restaurants und viel Flair. Wo sonst gibt es an der Nordsee einen Strand, an dem man den Strandkorb gen Süden der Sonne zudrehen und dabei die Wellen beobachten kann. Weitere Pluspunkte: Genügend Parkplätze gibt es beim Helgolandkai und in nur wenigen Spazierminuten taucht man in die Welt der Museen ein. ▷ S. 64

5 | Brücke-Maler und Wilde 70er – Kunstpfade in Dangast

Karte: ▶ F 5 | **Ortsbummel:** Etwa einen halben Tag Zeit einplanen

Die Liste berühmter Maler, Fotografen und Aktionskünstler, die die »Höhe des Himmels, das Spiel von Licht und Farben und das Meer« nach Dangast zogen, ist lang. Lassen Sie sich auf einem Spaziergang oder bei einer Radtour entlang der Kunstpfade von deren Kunstwerken immer wieder neu überraschen.

Die Sicht der Künstler

Dangast benötigt durch seine geologisch besondere Lage auf einem Geestrücken keinen Deichschutz. Das macht auch sein besonderes Flair aus, das an der Wattenmeerküste seinesgleichen sucht. Dies wussten schon zu Beginn des 20. Jh. die Expressionisten der Künstlergemeinschaft ›Die Brücke‹, Erich Heckel (1883–1970), Max Pechstein (1881–1955) und Karl Schmitt-Rottluff (1884–1976), sowie später auch Emma Ritter (1878–1972), die das beschauliche Fischer- und Bauerndorf für sich entdeckten. Sie setzten die Küstenregion in der für sie typischen Farbigkeit um: Rot, orange und gelb dominieren ihre großflächigen Bilder. Acht sogenannte Staffeleien an den originalen Schaffensplätzen zeigen Reproduktionen der Kunstwerke mitsamt erläuternden Texten. Manchmal macht der Vergleich mit der Realität etwas wehmütig!

Elf weitere Stationen widmen sich Künstlern der Klassischen Moderne, wie Franz Radziwill (1895–1983), Willy Hinck (1915–2002) und Trude Rosner-Kasowski (1899–1970), die sich zu spätexpressionistischen Aquarellen inspirieren lies. Sie zog 1955 nach Dangast, wo sie 15 Jahre später nach ei-

61

nem entbehrungsreichen Leben starb. Eine wunderbare Gelegenheit, die unterschiedlichen Maltechniken und Blickwinkel der drei Künstler direkt zu vergleichen, bekommt man am **Hundestrand** 1 am Ende der Edo-Wiemken-Straße. Dort wählten alle drei die einstige Fischerboot-Slipanlage als Motiv.

Kunst im Haus

Zwei Häuser in Dangast sind dem Leben und Werk der Maler Radziwill und Hinck gewidmet. Auf Anraten Schmitt-Rottlufs kam Franz Radziwill 1923 nach Dangast, von dem er selbst sagte, dass »ohne diesen inspirierenden Ort kein Bild vom ihm möglich gewesen wäre«. In seinem ehemaligen Wohnhaus, dem **Franz-Radziwill-Haus** 2, führt eine knarrende Treppe nach oben in die Atelierräume, in denen jährlich wechselnde Themen-Ausstellungen sein vielbeachtetes Werk zeigen. Radziwills umstrittene NS-Vergangenheit wird nicht angeschnitten.

Willy Hinck lebte von 1950 bis zu seinem Tode im Mai 2002 in seiner Wahlheimat Dangast. Der Journalist und Fotograf avancierte als Autodidakt zum Zeichner und Kunstmaler. Seine Fotografien, Zeichnungen, Aquarelle und Ölbilder, die vor allem seine innige Naturverbundenheit ausstrahlen, sind in der **Galerie Willy Hinck** 3 in der Strandvilla Irmenfried zu besichtigen.

Künstlertreff

Gleich neben der Galerie trifft man sich im Kultcafé **Altes Kurhaus** 1 mit großer Seeterrasse oberhalb des Badestrandes. Es ist Mittelpunkt der Künstlerszene und offenes Atelier. Familie Tapken bietet seit Jahrzehnten, auch mittellosen Künstlern, Kost und Logis sowie die Möglichkeit ihre Werke, teils zum ersten Mal, auszustellen. Für die ›Seh‹-Gäste stehen Kaffee und Selbstgebackenes bereit – vor allem der legendäre Rhabarberkuchen.

In den 1970er-Jahren zog es auch die Aktionisten ins Alte Kurhaus. Die Schüler von Josef Beuys gründeten dort die Freie Akademie Oldenburg und hinterließen drei Kunstwerke von ihren

Künstlertreff und Kultcafé – das Alte Kurhaus in Dangast

spektakulären Kunstaktionen. Die »Jade-Figur« von Anatol (Herzfeld) – grün, nackt und gerne getätschelt, der hölzerne »Kaiserstuhl« von Butjatha (alias Wilfried Gerdes) und Eckart Grenzers »Grenzstein«, besser bekannt als Phallus oder Stein des Anstoßes stehen am Strand unterhalb des Kurhauses und werden regelmäßig bei Flut überspült.

Stolpersteine

Ebenfalls am Strand wollen unterschiedliche Skulpturen als ›Stolpersteine‹ auf die Besonderheiten des Naturraumes und seiner Geschichte hinweisen, initiiert u. a. vom Bildhauer Eckart Grenzer. So lenkt beispielsweise die aus zwei Steinplatten bestehende Skulptur »Das Tor zum Watt« an der Promenade vor dem Kurhaus den Blick des Betrachters auf den Jadebusen oder die figürliche Sandsteinstele »Fenster zur Marsch« blickt vom eiszeitlich aufgeschobenen Geesthügel auf die Marschenlandschaft. Sie wollen nicht nur betrachtet, sondern auch ›begriffen‹ werden. Weitere Stolpersteine sind in Planung.

Übrigens: Die Akademie Dangast knüpft an die Künstlertradition des Ortes an. Mal- und Zeichenkurse von Künstlern für kreative große und kleine Menschen, Tel. 04451 91 14 32, www.dangast.de.

Skulpturenpfad

Wer immer noch kunsthungrig ist, begibt sich mit dem Fahrrad auf den Pfad rund um den Jadebusen. Zwischen Mariensiel bei Wilhelmshaven und Dangast haben sieben Bildhauer die sieben Schöpfungstage in Stein gemeißelt. Am östlichen Jadebusen zwischen Dangast und Eckwarderhörne veranschaulichen weitere sieben Skulpturen das Thema »Die Sintflut – Bewahrung der Schöpfung hinter dem Deich«, die das Verständnis für die Notwendigkeit des Küstenschutzes fördern sollen. Von Kindern geliebt ist vor allem der »Eismann« in Varelersiel als Relikt der Eiszeit, der Sintflut des Nordens. Sehr bewegend ist die Bronze auf Sandstein mit dem Titel »Der Zweifel als Ursprung des verlorenen Paradieses« in Wapelersiel.

Infos

www.kunstamdeich.de: Infos zu den einzelnen Standorten
Franz-Radziwill-Haus: Sielstr. 3, www.radziwill.de, in der Saison Di, Mi 10–12, Do–Sa 15–18, So ab 11 Uhr, 3,50 €
Galerie Willy Hinck: An der Rennweide 40, Sa 14–17, So/Fei 11–17 Uhr
Kultcafé Altes Kurhaus: An der Rennweide 46, Tel. 04451 44 09, www.kurhausdangast.de, Fr–So 9–19 Uhr

Essen und Trinken

Kurhaus-Klause [2]**:** An der Rennweide 11, beim Alten Kurhaus, Tel. 04451 59 25, Mi/Do, Sa/So ab 14, Fr ab 18 Uhr bis zum Sonnenuntergang. Die Klause wird ebenfalls von der Familie Tapken betrieben. Man sitzt direkt oberhalb des Badestrandes – klein und nicht zu fein, drinnen und draußen.

Übernachten

Pension Altes Posthaus [1]**:** An der Rennweide 38, Tel. 04451 833 53, www.altes-posthaus.de, DZ ab 58 €. Liebevoll renoviertes Haus auf einem Waldgrundstück, geschmackvolle Zimmer, idyllischer Garten, zwei Gehminuten zum Strand.

Maritime Meile 1 – 6
direkt 6 ▸ S. 66

Bontekai 7

Am Bontekai zwischen Südstrand und Innenstadt haben die Museumsschiffe festgemacht. Vom Südstrand kommend, passiert man zuerst das 1981 ausgemusterte Feuerschiff Weser, das ein Restaurant beherbergt (Tel. 04421 77 21 65, www.feuerschiff-weser.com). Daneben liegt der dampfbetriebene Seetonnenleger Kapitän Meyer, auf dem man auch heiraten kann (auch Übernachtungen sind möglich, buchbar über die Tourist-Information Tel. 04421 91 30 00).

Kunsthalle 8

Adalbertstr. 28, Tel. 0442 414 48,
www.kunsthalle-wilhelmshaven.de,
Di 14–20, Mi–So 11–17 Uhr, 3 €
Die älteste kulturelle Institution der Stadt präsentiert hochwertige Ausstellungen zu Malerei, Plastik und Fotografie von Künstlern der Gegenwart.

Wilhelmshaven

Sehenswert

1 Piratenamuseum
2 Küstenmuseum
3 Kaiser-Wilhelm-Drehbrücke
4 Das Wattenmeerhaus
5 Deutsches Marinemuseum
6 Aquarium
7 Bontekai
8 Kunsthalle
9 Rathaus
10 Kurpark
11 Botanischer Garten
12 Rosarium
13 Störtebekerpark
14 Infobox JadeWeserPort

Übernachten

1 Hotel Seerose
2 Signalturm

Essen und Trinken

1 Restaurant An Bord
2 Seglerheim am Nassauer Hafen
3 Park-Café Köhler

Einkaufen

1 Nordseepassage
2 Marktstraße

Ausgehen

1 Börsenplatz
2 Pumpwerk

Sport und Aktivitäten

1 Klein Wangerooge
2 Nautimo
3 Windsurfing Club Jade
4 Banter See
5 Helgolandkai

Rathaus 9

Der Klinkerbau mit den Löwenplastiken am Portal wird auch Burg am Meer genannt. Das 1928/29 von Fritz Höger aus Bockhorner Klinkerstein errichte Haus besitzt einen 49 m hohen Turm, von dem sich ein schöner Rundblick bietet (Eingang neben der Treppe zum Restaurant, Mo–Fr 8.30–15.30 Uhr).

Kurpark 10

Bismarckstraße, frei zugänglich
Die älteste Parkanlage der Stadt mit einem Musikpavillon, in dem von Mai–Sep. Kurkonzerte stattfinden.

Botanischer Garten 11

Gökerstr. 125, Mai–Sept. Mo–Fr 8–19, Sa/So 11–17, sonst Mo–Fr 8–15, Sa/So 11–15, Tropenhaus tgl. 11–17 Uhr, Eintritt frei, am 1. So im Monat Führung Mai–Sept. 14, Okt.–April 11 Uhr
Mehr als 2000 Pflanzenarten: typisch norddeutsche Pflanzengesellschaften, Pflanzen aus dem Mittelmeerraum, den Tropen und Subtropen. ▷ S. 68

6 | Maritime Meile – Museen in Wilhelmshaven

Cityplan: S. 64 | **Start:** Am Bahnhof

Der abwechslungsreiche Boulevard der Attraktionen rund um den Großen Hafen lohnt eine Reise auch von weiter her: Museumsschiffe und ein U-Boot stehen zur Erkundung bereit, ein Walskelett oder ein Antarktisfisch mit ›Frostschutz‹ im Blut will bestaunt werden, sogar Orkane kann man erleben.

Das Leben an der Küste gestern und heute

Blaue Schilder weisen den Weg von der Nordseepassage am Bahnhof zum **Piratenmuseum** 1. Klein, aber ›ahoi‹ ist die amüsante Ausstellung über Piraten, etwa den berühmten Klaus Störtebeker. Exponate und Erlebnisräume sind so installiert, »dass die Kurzen keinen langen Hals machen müssen«.

Nach einem kurzen Fußweg Richtung Bontekai gehen Sie im **Küstenmuseum** 2 auf eine abwechslungsreiche Spurensuche und erfahren viel Wissenswertes über Vergangenheit, Gegenwart und Zukunft der Küste und ihrer Bewohner, von der Entstehung vor 12 000 Jahren bis zum Projekt JadeWeserPort, dem in Bau befindlichen Containerhafen. Mittelpunkt der Ausstellung **wal.welten** im Obergeschoss ist das beeindruckende Skelett eines gestrandeten Pottwals mit seinem 4 m langen, asymmetrisch geformten Schädel und seinen riesigen, plastinierten Organen.

Die eiserne Verbindung zum Südstrand

Die malerische **Kaiser-Wilhelm-Drehbrücke** 3 verbindet die Innenstadt mit dem Südstrand. Mit einer Spannweite von 159 m war sie bei ihrem Bau 1903 bis 1907 die größte Drehbrücke Europas. sie besteht aus aus 758 t Eisen. Laufen Schiffe mit hohen Masten in den Hafen ein, dreht sich die Brücke auseinander, um auf diese Weise die Durchfahrt zu ermöglichen; ein sehenswertes Schauspiel. Achtung! 2011 ist die Brücke wegen Renovierung gesperrt. Vom Bahnhof aus besteht aber eine Busverbindung an den Südstrand.

Gleich um die Ecke lässt sich im **Wattenmeerhaus** 4 der Nationalpark Niedersächsisches Wattenmeer mit allen Sinnen erkunden: etwa im begehbaren Krabbenkutter Daggi. Im Sturmerlebnisraum kann man am eigenen Leib erfahren, was für gigantische Kräfte der Wind bei Orkanstärke entwickelt. Nicht nur die große Aquarienlandschaft macht deutlich, welchen extremen Bedingungen Tiere und Pflanzen ausgesetzt sind und welche Tricks zum Überleben sie entwickelt haben. Man kann die Reaktion der Tiere etwa auf Ebbe und Flut direkt verfolgen, indem man selbst mittels einer Kurbel hohe Wellen erzeugt.

Schräg gegenüber liegt das 1888 erbaute Werkstattgebäude der Kaiserlichen Werft mit dem **Deutschen Marinemuseum** 5 (s. Foto). Man erfährt viel über die lange Geschichte der deutschen Marine im Wandel der Zeit. Höhepunkte sind sicherlich die Besichtigungen des 1993 ausgemusterten U-Boots U10 sowie des Zerstörers Mölders auf dem Freigelände – hinterher weiß man genau, wie anstrengend und ungemütlich eng das Leben an Bord gewesen sein muss.

Abtauchen in die Weltmeere

Im **Aquarium** 6 wartet eine faszinierende Reise durch die Weltmeere auf die Besucher. Aus nächster Nähe sind die heimischen Tierarten des Wattenmeeres in den modernen Ökosystem-Anlagen zu beobachten, ebenso wie die atlantische, antarktische oder tropische Wasserwelt mit Pinguinen, Haien, Antarktis- oder Korallenfischen. Am Ende der Tour sorgt der **Kinder-Spielpalast** für ausreichend Bewegung bei den Kleinen und die **Promenade** bietet leiblichen Genuss in einem der vielen Cafés und Restaurants – bei angenehmer Nachmittagssonne, hoffentlich!

Infos

Maritime Meile: Ausführliche Informationen in der Broschüre Maritime Meile oder im Internet unter www.maritimemeile.de

Wegstrecke: ca 2 km

Kaiser-Wilhelm-Drehbrücke: Baustelleninfo unter www.maritimheute.de

Öffnungszeiten

Piratenamüseum: Im Jugend-Gästehaus Piratennest, Eberstr. 88a, www.piratenmuseum.com, April–Okt. tgl. 11–17, Nov.–März nur Sa/ So 14–18 Uhr, 3,50 €.

Küstenmuseum: Weserstr. 58 / Bontekai, www.kuestenmuseum.de, April–Okt. tgl. 10–18, Nov.–März Di–So 10–17 Uhr, Führung jeden 2. So 14 Uhr, 4,70 €, Familienkarte 12,40 €.

Das Wattenmeerhaus: Südstrand 110 b, www.wattenmeerhaus.de, April–Okt. tgl. 10–18, Nov.–März Di–So 10–17 Uhr, 6 €, Familienkarte 13,50 €.

Deutsches Marinemuseum: Südstrand 125, www.marinemuseum.de, April–Okt. tgl. 10–18, Nov.–März Di–So 10–17 Uhr, 8,50 €, Familienkarte 20 €.

Aquarium: Südstrand 123, www.aquarium-wilhelmshaven.de, tgl. 10–18 Uhr, 8,50 €, Familienkarte 25 €; Buddelschiffmuseum 2 €; Kinder-Spielpalast Kinder 3,50, Erw. 2,50 €.

Rund um den Jadebusen

Rosarium
Neuengrodener Weg 22, www.rosari um-wilhelmshaven.de, Mai (Mutter- tag!)–Okt., Mo–Do 8–15, Fr 8–11, Sa/So 10–18 Uhr, 3,50 €
Ein duftendes Rosenmeer (500 Sorten) inmitten verschiedener Themengärten.

Störtebekerpark
Freiligrathstr. 426, Tel. 04421 649 54, Mitte April–Ende Okt. Mo–Fr 9–18.30, Sa/So 11–18.30 Uhr, 2,50 €
Freizeit-/Umweltpark mit Kräuter- und Bauerngarten sowie Pfannkuchenhaus.

Infobox JadeWeserPort
Posener Straße / Am Tiefen Fahrwasser, Tel. 04421 91 30 00, www.jadeweser port-infobox.de, April–Okt. tgl. 10–18 Uhr, Nov.–März nur Fr–So, 4 €
Dokumentation zu Bau und Betrieb des einzigen deutschen Tiefwasserhafens. Die Wassertiefe von 18 m erlaubt die Abfertigung riesiger Containerschiffe.

Übernachten
Blick auf die Promenade – **Hotel Seerose** **:** Südstrand 112, Tel. 04421 433 66, www.hotelseerose-whv.de, DZ ab 68 €. Die Adresse sagt alles: direkt an der Grünstrandpromenade, helle, freundliche Zimmer mit Blick über den Jadebusen zum Arngaster Leuchtturm.
Außergewöhnlich – **Signalturm** **:** Schleusenstr. 89, Tel. 04421 77 36 21, www.signalturm.de, Mai–Okt. Fr–So 220 €. Übernachten im 1935 zur optischen Signalübermittlung gebauten Turm. Blick in alle Himmelsrichtungen.

Essen und Trinken
Leckerster Fisch – **Restaurant An Bord** **:** Schleusenstr. 22, Tel. 04421 50 04 66, www.anbord.com, Di–So 11.30–14, 17.30–22 Uhr, ab 10 €. Modernes, liebevoll gestaltetes Restaurant mit beeindruckendem ›Schiffstresen‹. Sehr gute und frische Küche.
Einfach klasse – **Seglerheim am Nassauer Hafen** **:** Schleusenstr. 23, Tel. 04421 431 43, www.seglerheim-wilhelmshaven.de. Auf der Terrasse kann man einen lauen Sommerabend mit Blick auf den Yachthafen verbringen (reservieren!). Fischgerichte, ab 10 €.
Eigene Konditorei – **Park-Café Köh-**

Burg am Meer wird das Rathaus von Wilhelmshaven auch genannt

ler **3**: Virchowstr. 11, Tel. 04421 411 04, www.park-cafe-koehler.de, tgl. 8–19 Uhr. Wer müde vom Shoppen ist, wird mit einer großen Auswahl an Torten und Gebäck wieder aufgepäppelt. Auf der Terrasse ist man den Vögeln des angrenzenden Vogelparks ganz nah.

Einkaufen
Im Trockenen – **Nordseepassage 1**: www.nordseepassage.de, Mo–Fr 10–20, Sa 10–18 Uhr. In der Passage, die den Hbf mit einschließt, ist wetterunabhängiges Bummeln möglich. Gleich dahinter erstreckt sich die **Marktstraße 2**, die autofreie Einkaufsmeile.

Ausgehen
Szenetreff – **Börsenplatz 1**: Restaurants, Bars, Kneipen und Cafes mitten in der Innenstadt – an lauen Sommerabenden südländische Stimmung.

Immer mittwochs – **Pumpwerk 2**: Banter Deich 1a, www.pumpwerk.de. Kulturzentrum mit tollem Programm, etwa Festival der Kleinkunst und A-Capella-Festival, auch Restaurant u. Biergarten. Mai–Aug. Mi ab 19 Uhr Open-Air-Musik aller Sparten, Eintritt frei.

Sport und Aktivitäten
Sport- und Familienbad – **Nautimo 1**: Am Sportforum, Friedenstraße 99, Tel. 04421 77 35 50, www.nautimo.de, Mo–Fr 10–21.15, Sa/So ab 9 Uhr, Erw. 4 € (1,5 Std.), 7,50 € (Tageskarte). Badespaß bei Wind und Wetter.

Tideunabhängig – **Klein Wangerooge 2**: 3 km langer Strand am Banter See. Wunderbares Terrain zum Grillen, bei Flut kann man auch über den Deich spazieren und im Jadebusen baden.

Wassersport – **Windsurfing Club Jade 3**: Tel. 04421 77 20 10,www.wcj-whv.de. Bei Surfern, Seglern und Kanuten beliebt ist der **Banter See 4** (tideunabhängig).

Ausflugsfahrt – **Helgoland 5**: Mitte Juni–Mitte Sept. tgl. ca. 9 Uhr ab Helgolandkai. Tel. 01805 22 86 61, www.helgolandlinie.de.

Infos und Termine
Tourist-Information Wilhelmshaven: Bahnhofsplatz 1 (Nordseepassage, 1.Stock), 26382 Wilhelmshaven, Tel. 04421 91 30 00, Mo–Fr 10–20, Sa 10–18 Uhr, www.wilhelmshaven-touristik.de. Mai–Sept. Dependance am Südstrand, Tel. 04421 423 60.

Bahn: Tgl. Seebäderzug Oldenburg-Wilhelmshaven, www.nordwestbahn.de.

Bus: Regelmäßige Verbindungen u. a. nach Sande–Jever, Hooksiel–Horumersiel–Schillig, Zetel–Bockhorn–Varel, Wittmund–Aurich–Emden, www.weser-ems-bus.de.

Schiff: Personen-/Fahrradfähre nach Eckwarderhörne, Juni–Aug. ab Helgolandkai (s. S. 55).

Wochenende an der Jade: Erstes WE im Juli (s. S. 19).

Jade-Weser-Port-Cup: Erstes WE im Okt, www.jadeweserport-cup.de. Regatta mit Traditionsseglern auf der Jade. Großer Einlauf durch die Kaiser-Wilhelm-Brücke, Besichtigung vieler Schiffe.

In der Umgebung
Jever: `direkt 7` S. 70

Wangerland ▶ E 3/4

Das familienfreundliche Wangerland ist ein Zusammenschluss der Orte **Horumersiel, Schillig, Hooksiel, Minsen** und **Hohenkirchen.** Das Nordseeheilbad Horumersiel-Schillig liegt am ›Kap der guten Erholung‹, wo der Jadebusen ins offene Meer mündet. Watt, Deich- und Strandwege laden zu ausgiebigen Spaziergängen ein. Eine Idylle ist der Küstenbadeort Hooksiel, er ▷ S. 72

Karte: ▶ E 4 | **Stadtbummel:** Etwa 1 Std. ohne Einkehr

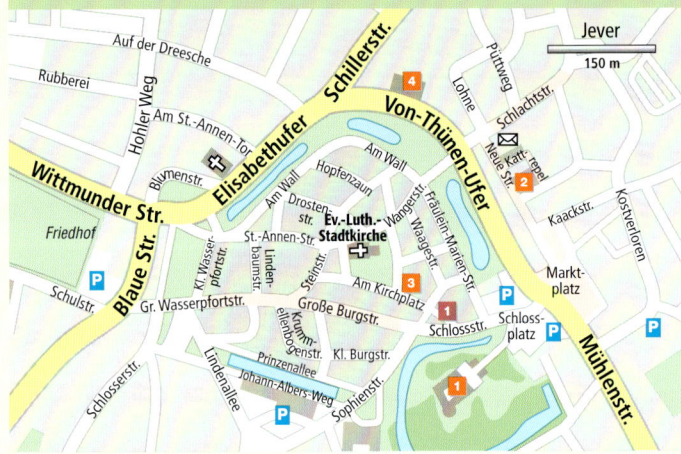

Das hübsche Städtchen Jever im Westen von Wilhelmshaven lohnt in jedem Fall einen Besuch. Bis heute bietet es neben einer Fülle an Sehenswürdigkeiten, verträumten Gassen und gemütlichen Cafés auch immer noch traditionelles Handwerk zum Bestaunen, Anfassen und Genießen.

Die ehemalige Häuptlingsstadt erhielt die Stadtrechte unter der Herrschaft der Regentin ›Fräulein Maria‹ (1500–75). Sie lebte ausgesprochen prunkvoll und kunstsinnig im herrlichen **Schloss** **1** aus dem 15./16. Jh., in dem heute das facettenreiche Museum die regionale Kulturgeschichte vorstellt. Zur Einstimmung der Tour eignet sich wunderbar eine Übersicht vom Turm aus, den man auch ohne Museumsbesuch ersteigen

kann. Man blickt auf den Kirchplatz, von reich verzierten Bürgerhäusern aus dem 16. und 18. Jh. gesäumt, die Stadtkirche mit dem Edo-Wiemken-Denkmal (1561–64) und das Rathaus mit Renaissanceportal aus dem frühen 16. Jh.

Blaues Wunder
Vom Schlossplatz geht es durch die Fußgängerzone zur Museumswerkstatt im alten Kattrepel. In der Nr. 3 betreibt Georg Stark eine der letzten **Blaudruckereien** **2** des Landes. Im kleinen Laden dominiert – wie sollte es anders sein – die Farbe Blau: Decken, Wandbehänge, Kleider und Schals sind zum Verkauf platziert, im Hintergrund stehen Arbeitstisch und Färbebottich. Seit über 25 Jahren bringt der Färber die Muster auf Leinen-, Baumwoll-, Batist- und Seidenstoffe, im Handdruck mit traditio-

nellen Druckstöcken aus vier Jahrhunderten. Bestrichen mit einer klebrigen Masse, dem Papp, erfolgt mit ihnen der Stoffdruck, aufgebracht Stück für Stück in langen Bahnen. Die Färbung findet traditionell mit Indigo oder einem Indanthren-Blau in der *Küpe* statt, dem tiefen Färbebottich. Heraus kommen bezaubernde Dekore, weiß auf blauem Grund: Lotosblumen, Pfauenfedern oder zierliche Streu-Ornamente. Ist er einmal warm geworden, erklärt Georg Stark gerne die Arbeitsschritte und weiß auch viel über Sprichworte zu berichten, die mit seinem Handwerk zu tun haben, etwa was der Blaue Montag bzw. das Blaumachen zu bedeuten hat.

Nicht nur viereckig

Zurück in der Fußgängerzone hält man sich Richtung Kirche. Am Kirchplatz liegt das Geschäft von **sina edition** **3**. Schon das Schaufenster macht neugierig, es ist von Künstlern dekoriert. In dem Werkstattladen der gelernten Buch-Restauratorin Sina Christine Jostes dreht sich alles um das Buch. In Handarbeit werden Bücher gedruckt, restauriert, geklebt, neu gebunden und mit alten Schriften oder Goldprägung veredelt. Man darf zuschauen und fragen und natürlich in der wunderbaren Kollektion stöbern. Jedes Buch ist ein Unikat, vom Papierschneiden bis zum Kaschieren handgefertigt. So entstehen dreieckige, achteckige oder asymmetrische Bücher, mit Magnetverschluss oder

Bändern gebunden, in Leinen-, Seiden- oder Ledereinband. Die kräftigen Farben machen eine Entscheidung schwer, und ob man sich traut, etwas hinein zu schreiben, ist fraglich, aber ohne einen der ›Hand- und Augenschmeichler‹ zu gehen, fällt genauso schwer.

Gaumenschmaus

Der Weg zurück zum Schloss führt an der Schlossstraße vorbei. Die Nr. 4, ein barockes Bürgerhaus, beherbergt die **Schlosskäserei** **1** mit einem Café-Bistro, in dem mediterrane Leichtigkeit und friesische Bodenständigkeit sympathisch kombiniert werden. Hier kann man die Handwerkstour mit einem besonderen Genuss beenden: Schäfervesper oder Hirtenteller mit einem Glas italienischen Wein. Im Laden nebenan gibt es die Köstlichkeiten, die im Schafhof Herten aus biologischer Landwirtschaft hergestellt werden: Schafskäse, Lammsalami, Ciabatta, Olivenöle, Pasta oder erlesene italienische Weine. Eine Führung auf dem nahe gelegenen Hof in Sandel ist nach Voranmeldung möglich.

Öffnungszeiten
Schlossmuseum: Di–So 10–18 Uhr, Juli/Aug. auch Mo, 3,50 €; Turmaufstieg Mai–Sept. 11–17 Uhr, 2 €, www.schlossmuseum.de
Blaudruckerei: Kattrepel 3, Tel. 04461 713 88, www.blaudruckerei.de, Mo–Fr 10–13, 14–18 Uhr, Sa 10–14 Uhr

sina edition Buchbinderei: Am Kirchplatz 2, Tel. 04461 96 72 90, www.sina-edition.de, Mo–Fr 9–18, Sa 9–14 Uhr
Schlosskäserei Herten: Schloßstr. 4, Tel. 04461 91 69 99, www.hofherten.de, Mo–Do 10–18, Fr/Sa 10–22, So 11–20 Uhr (Mai–Okt.)

entstand Mitte des 16. Jh. Die Einwohner lebten überwiegend vom Fisch- und Muschelfang, bis der Tourismus wichtigster Wirtschaftszweig wurde. Heute steht der Hafen unter Denkmalschutz.

Internationales Muschelmuseum

Lange Str. 17, Hooksiel, April–Okt. tgl. 10.30–17.30 Uhr, 1,50 €
Sammlung von Muscheln und Schnecken von winzig klein bis riesengroß.

Übernachten

Erholsam – **Nakuk:** Wiardergroden 22, Horumersiel, Tel. 04426 90 44 00, www.nakuk.de, DZ 120–140 €. Das Nakuk ist ein alter Gulfhof, kenntnisreich renoviert mit lehmverputzten Wänden, schlichter, moderner Einrichtung und delikater, frischer Küche.

Essen und Trinken

Beliebt – Altes Zollhaus: Zum Hafen 1, Horumersiel, Tel. 04426 990 90, www.zollhaus.de, tgl. ab 8 Uhr, mittags um 9 €, abends ab 12 €. Gut besuchtes Restaurant mit friesischer Teestube und Wintergarten. Regionale und mediterrane Küche, leckere Zöllner-Torte.

Nettes Ambiente – **Hotel-Restaurant Packhaus:** Am Hafen 1, Hooksiel, Tel. 04425 99 03 06, www.hooksielhotel.de, tgl. 9–22 Uhr, ab 10 €. Maritim eingerichtet, delikate Fischspezialitäten, die Café-Terrasse liegt direkt am Wasser, Fisch- und Grillspezialitäten.

Einkaufen

Klein und fein – **Künstlerhaus:** Lange Str. 16, Hooksiel, Mai–Sept. Di–So 14–18, sonst nur Sa/So 14–17 Uhr, www.kuenstlerhaus-hooksiel.de. In dem Ensemble aus altem Spritzenhaus und ehemaligem Schulgebäude mit charakteristischem Zwiebelturm werden wechselnde Ausstellungen gezeigt.

Wochenmärkte – **Marktbummel im Wangerland:** Horumersiel, Ortsmitte, Mi, Sa 8–12 Uhr; Hooksiel, Friesenstr., Fr 14–17 Uhr; Hohenkirchen, vor der Kirche, Do 14–17 Uhr.

Sport und Aktivitäten

Drinnen und draußen – **Friesland-Therme:** Zum Hafen 3, Horumersiel, Tel. 04426 98 71 10, Kernzeit Mo–Fr 10–22, Sa/So 10–19 Uhr, 2 Std. 5,50 €, mit Sauna 9 €, Familientageskarte 4 Std. 30 €. Kombiniertes Frei- und Hallenbad, mit Saunabereich und vielen Vergnügungsmöglichkeiten.

Wasserski – **Hooksmeer:** An der Werft 1, Hooksiel, www.wasserski-hooksiel.de, Kernzeit 12–18 Uhr, 1 Std. 11–13 €. Ein ca. 60 ha großer Binnensee erstreckt sich östlich von Hooksiel bis zum Jadebusen. Wasserskilift-Rundanlage mit Hindernissen, Imbiss-Restaurant mit Tribüne.

Fun for Kids – **Spielscheune Bullermeck:** An der Schleuse 3, Hooksiel, www.bullermeck.de, in den Sommerferien tgl. 10–18, sonst ab 14 Uhr, Kinder 6,90 €, Erwachsene 4,60 €. Mit Bungee-Trampolin, 10 m Kletterwand, Autoscooterbahn, Fischkutter mit Sandstrand, Panoramarestaurant.

Infos und Termine

Wangerland Touristik GmbH: Zum Hafen 3, 26434 Horumersiel, Tel. 04426 98 71 10, www.wangerland.de, Mo–Fr 8.30–16.30, März–Okt. auch Sa 10–15, So 10–12 Uhr. Nebenstelle in Hooksiel: Mo–Fr 8.30–16.30, Sa 9–12, So 10–12 Uhr.

Bus: Nächster Bahnhof ist Wilhelmshaven, für ankommende Züge gibt es eine direkte Busverbindung ins Wangerland. **Jaderennen:** Drei Rennen mittwochs im Juli ab 18 Uhr und ein So im Aug. ab 14 Uhr Familientag mit Rahmenprogramm, www.hooksieler-rennverein.de.

Ostfrieslands Küste – der Norden

Carolinensiel/Harlesiel

▶D 3

Mächtige Speicher, hübsche Giebelhäuser und historische Plattboden-Segler erinnern an die große Zeit der Frachtensegler, als Carolinensiel (1900 Ew.) für eineinhalb Jahrhunderte nach Emden der zweitgrößte Handelshafen zwischen Ems und Jade war. Das um 1730 entstandene Hafenbecken ist heute Museumshafen. Durch Landgewinnung rückte der blühende Hafenort ins Hinterland und verlor an Bedeutung. Mitte des letzten Jahrhunderts wurde Harlesiel, der neue Hafen angelegt, von dem die Schiffe nach Wangerooge ablegen.

Nationalparkhaus

Pumphusen 3, Carolinensiel, Tel. 04464 84 03, www.wattwelt.de, April–Okt. Mo–Fr 9.30–13, 15–18, Sa/So 14–18, Feb.–März Mo–Fr 9.30–13, So 14–18 Uhr und nach Vereinbarung, Eintritt frei
Die zu Beginn des 19. Jh. ursprünglich als Wohn- und Lagerhaus erbaute Alte Pastorei informiert mit Ausstellung, Diavorträgen und naturkundlichen Führungen über den Nationalpark Wattenmeer. Die Webseite ist sehr originell.

Erlebnismuseum Phänomania

Bahnhof Carolinensiel 3, Tel. 04464 94 24 94, www.phaenomania.de/caroli nensiel, in der Saison tgl. 10–18 Uhr, 7 €

»Anfassen verboten!« gilt hier nicht: über 80 verschiedene wissenschaftliche Experimente zum Ausprobieren. Man kann seine Tauglichkeit für die Weltraumfahrt testen oder ›mit Links‹ etwa ein Auto anheben.

Sielhafenmuseum

direkt 8| ▷ S. 74

Übernachten

Schöne Lage – **Hotel-Restaurant Harlesiel:** Am Yachthafen 30, Tel. 04464 948 00, www.hotel-harlesiel.de, DZ 80–115 €, Appartements (3–4 Betten)105–125 €. Etwa 250 m vom Nordstrand entfernt, komfortable Zimmer, Hallenbad und Sauna im Haus.

Familiär – **Hotel-Gasthof Erholung:** Am Hafen Ost 5, Tel. 04464 310, www.erholung-carolinensiel.de, DZ 50–70 €. Traditionsreiches Haus auf der Ostseite des alten Hafens mit gemütlicher Gaststätte. Im Sommer sitzt man auf der Terrasse direkt am Museumshafen.

Essen und Trinken

Beliebt – **Küsten-Räucherei Joh. Albrecht GmbH:** Friedrichsschleuse 17, Tel. 04464 384, www.fisch-albrecht.de, in der Hauptsaison Mo–So 9–20 Uhr, Fischverkauf bis 18.30 Uhr, Hauptgerichte ab 6 €. Fisch-Feinkost und Imbiss zwischen Harlesiel und Carolinensiel direkt an der Harle.

Niedlich – **Puppen-Café:** Am Hafen West 12, Tel. 04464 429, tgl. geöffnet. Drinnen ein gemütlicher ▷ S. 77

8 | Kein Deich, kein Land, kein Leben – Carolinensiel

Karte: ▶ D 3 | **Museumsweg:** Zu Fuß von Carolinensiel nach Harlesiel

Der Museumsweg führt vom Hafen in Carolinensiel zum modernen Fährhafen Harlesiel an der Nordsee, immer am westlichen Harleufer entlang. Bei dem Spaziergang erfährt man ganz nebenbei, was Spatenrecht bedeutet, wie Siele bei Entwässerung und Landgewinnung helfen oder was ein Tjalk ist. Zurück geht's mit dem Raddampfer.

Einstimmung

Vor dem Spaziergang lohnt ein Besuch des **Sielhafenmuseums** in den drei historischen Häusern am Museumshafen. Im **Groot Hus** **1** von 1840 widmet sich die Ausstellung ›Land und See‹ der Entstehung von Sielen, Häfen und Deichen sowie der Fischerei und Schifffahrt. Dioramen veranschaulichen die Themen und Interaktiv-Ecken – wie der Holzkran zum Beladen der Schiffe – machen die Hafenwelt lebendig. Im **Ka-**

pitänshaus **2** zeugen gute Stube und historische Seemannskneipe vom Leben an Land. Die Ausstellungsstücke berichten von den Fahrten in die ganze Welt, etwa die Fliesen, die zunächst nur als Ballast auf den Schiffen aus Holland kamen oder die vielfältigen Souvenirs aus Fernost. In der **Alten Pastorei** **3** geht es um Schiffsbau und Handwerk. Man schaut in die Werkstätten von Bootsbauer, Schiffschmied, Böttcher, Seiler oder Segelmacher. Themen- und Ortstafeln rund um das alte Hafenbecken beleuchten den Hafenbau und die lebendige Geschichte Carolinensiels.

Dem Meer abgerungen

Vom Groot Hus ein kleines Stück Harle aufwärts steht die **erste Thementafel des Museumswegs** **4**: Carolinensiel ist ein Modellbeispiel für die Entwicklung der fortschreitenden Landgewinnung. Einst reichte die Harlebucht fast bis nach Wittmund. Ab Mitte des 16. Jh.

wurde sie in mehreren Etappen eingedeicht. Die neu angelegten Orte an den Deichöffnungen erhielten stets die Endung -siel. So wanderte der jeweilige Sielhafen von Altfunnixsiel (1599 erbaut) im Süden über Neufunnixsiel (1658), Carolinensiel (1729) und Friedrichsschleuse (1765) bis nach Harlesiel (1957) im Norden.

Siel aufwärts

Von nun an geht der Weg am westlichen Ufer entlang, stets parallel zur Harle, begleitet von Schiffen aller Art und Größe. Der schöne, gepflasterte Weg führt an der Touristik-Information vorbei bis zur **Friedrichsschleuse** 5 von 1765 mit der 1990 erneuerten Hebebrücke. Dort kann man gemütlich auf Bänken Platz nehmen und dem Öffnen der Klappbrücke und dem Passieren der Schiffe zuschauen. Kurz dahinter weisen leuchtfarbene Bojen den Weg zum alten **DGzRS-Schuppen** 6 , in dem viel Interessantes über das Rettungswesen an der Nordsee zu erfahren ist.

Auch Süßwasser birgt Gefahr

Es wird immer belebter auf Straße und Harle bis das **Schöpfwerk** 7 in Harlesiel erreicht ist, das mit seinen riesigen Pumpen das Binnenwasser seit 1955 in die Nordsee leitet. Es war für die Marschbewohner zum zusätzlichen Problem geworden, da nach der Eindeichung das niedriger gelegene Neuland (Groden), nicht nur bei Regengüssen, zu ›ertrinken‹ drohte. Man musste den Deich also an einigen Stellen wieder öffnen, damit das Süßwasser ablaufen konnte. So entstanden schon um das Jahr 1000 die ersten Siele. Zunächst waren es ausgehöhlte Baumstämme, die den Deich durchstießen und zur Meeresseite mit einer Klappe versehen waren. Bei auflaufendem Wasser schloss sich diese durch den Wasserdruck, bei

niedrigem Wasserstand konnte das Wasser aus dem Land ungehindert abfließen. Der dabei auftretende Sog verursachte eine Vertiefung im Watt bis hin zur Bildung einer Fahrrinne. So entstanden an den Sielen Hafenorte, die von den charakteristischen Plattboden-Schiffen (Tjalk) angelaufen werden konnten.Die Binnenentwässerung wurde weiter perfektioniert. Das Wasser aus dem weitverzweigten Grabennetz leiteten Schöpfwerke zu größeren Wasserstraßen (den Tiefs) hin, die dann in die Siele entwässerten. Zur Regelung dieser ausgeklügelten Entwässerung bildeten sich Selbstverwaltungen, die Sielachten.

De nich will dieken – mutt wieken

Ein kurzer Abstecher auf den Schweringroden oberhalb des Parkplatzes und des betriebsamen Hafen Harlesiel mit dem Fähranleger führt zu einer **Thementafel Deichbau** 8 . »Wer nicht deichen will, muss weichen«, dieser Rechtsgrundsatz in der alten Deichordnung war oberstes Gebot bei der Besiedlung der Nordseeküste. Die zunächst auf Warften (s. S. 12) lebenden Menschen beschlossen schon im 11. Jh., zur Landgewinnung einen Schutzdeich entlang der Küste anzulegen. Dieser Goldene Ring war der Beginn des Küstenschutzes. Was früher in schweißtreibender und schlecht bezahlter Arbeit bis zu 14 Stunden am Tag mit Schaufel und Karre bewältigt werden musste, wird heute mit einem 40tel an Arbeitern und einem modernen Maschinenpark in der Hälfte der Zeit erledigt.

Spatenrecht

Für die Menschen hinter dem Deich ist die Bedrohung durch den Blanken Hans allgegenwärtig. Daher gehören Küstenschutz und Deichbau zu ihrem Leben wie das tägliche Brot. Früher war der jeweilige Deichanlieger selbst für dessen Erhalt zuständig. Das führte zum einen zu recht unterschiedlichen Ausbesserungsarbeiten, zum anderen trieb es so manchen Landbesitzer in den Ruin. Denn wer der Verpflichtung zum Deicherhalt nicht nachkam, musste einen Spaten in den Deich stecken und verlor damit sein Recht auf Haus und Hof. Das Spatenrecht hatte bis ins 17. Jh. Gültigkeit. Heute wird die Deicherhaltung von Deichverbänden geregelt. Jeder Grundeigentümer an der Küste, dessen Land niedriger als 5 m u NN liegt ist an die Deichachten abgabepflichtig.

Den Rückweg nach Carolinensiel kann man auf dem gemütlichen **Raddampfer Concordia II** 9 mit einem kühlen Getränk und den Blick auf die Landschaft genießen.

Infos

Museumsweg: www.museumsweg.de
Deutsches Sielhafenmuseum: Pumphusen 3, Tel. 04464 869 30, www.dshm.de, Ende März–Anf. Nov. und in den Weihnachtsferien tgl. 10–18 Uhr, 5 €, Familienkarte 10 €
Raddampfer Concordia II: www.reederei-albrecht.de, alle 90 Min. zwischen Carolinensiel und Harlesiel, 6 x am Tag, 3 €

Sonnen und baden

Wer in Harlesiel an den **Strand** 1 gehen möchte, muss Kurtaxe zahlen (Erw. 2 €, Kinder 1 €) oder im Besitz der Nordsee-ServiceCard sein (www.nordseeservicecard.de, s. S. 20). Der flach abfallende Sandstrand bietet ungetrübtes Badevergnügen und ist besonders bei Urlaubern mit Kindern beliebt.

Wattensail

Besonders lebendig wird es im Museumshafen in jedem Jahr am zweiten Wochenende im August. Ab Freitagnachmittag treffen zahlreiche Plattbodenschiffe von der gesamten deutschen Küste und aus den benachbarten Niederlanden ein. Die Parade der Traditionssegler lockt immer viele Besucher an. Ein Teil der Kapitäne und Besatzungen trägt historische Trachten und Kostüme.

Gastraum, den wertvolle alte Puppen dekorieren, draußen ein kleiner Garten zur Harle.

Gemütlich – **Tüdelpott:** Pumphusen 10, Tel. 04464 83 49, www.tuedel pott.de, tgl. ab 14, i. d. Hochsaison ab 11 Uhr. Im alten Kapitänshaus an der Uferpromenade gibt es unter anderem leckere Ostfriesen-, Teekirschen- und Cappuccinotorte, Bootsverleih (pro Stunde 7 €).

Einkaufen

Für Selbstversorger – **Wochenmarkt:** Am Museumshafen, Di März–Okt., 8–13 Uhr.

Sport und Aktivitäten

Draußen – **Meerwasserfreibad Harlesiel:** Am Badestrand, Mitte Mai–Mitte Sept. tgl. 7–19 Uhr. Tideunabhängiges Baden, beheizt, mit Nordsee-ServiceCard (www.nordseeservicecard.de, s. S. 20) kostenlos.

Drinnen – **Cliner Quelle:** Nordseestr., Mo–Fr 10–21, Sa/So 10–20 Uhr. 3 Std. 6 €, mit Sauna 13 €. Sole-Hallenbad mit Jugenderlebnisbereich, Außenrutsche, Babybecken, Saunalandschaft, Solarien, Fitnessbereich, Leseecke, Spielplatz, Wellnessangeboten für die ganze Familie.

Segeln – **Segelschule Harlesail:** Friedrichsschleuse 27, Tel. 04464 94 58 64, www.harlesail.de. Tideunabhängig am Binnentief, über eine Schleuse kommt man ins Wattenmeer und zu den Ostfriesischen Inseln.

Per Museumsschiff – **Marie van´t Siel:** Landeinwärts geht es Di 14 und Fr 11 Uhr auf dem historischen Schiff von Carolinensiel nach Altfunnixsiel, Dauer ca. 1 Std.

Infos und Termine

Tourist-InfoCarolinensiel-Harlesiel: im Kurzentrum Cliner Quel-

le, Nordseestr. 1, 26409 Nordseebad Carolinensiel-Harlesiel, Tel. 01085 94 93 00, www.harlesiel.de, Mo–Fr 8–21, Sa/So 10–21 Uhr.

Zimmervermittlung: Bahnhofstr. 40, Tel. 04464 94 93 93.

Bus: Bäderbus zwischen Norden und Carolinensiel-Harlesiel.

Flugplatz: Luftverkehr Friesland-Harle, Tel. 04464 948 10, www.inselflieger.de, tgl. Flüge nach Wangerooge, Langeoog, Baltrum, Norderney u. Helgoland.

Straßenfest: Erstes Wochenende im Aug. Viel Spaß rund um den Museumshafen, u. a. Rumfässer-Staffel, Taulukken und Pattstockspringen, Sa 22 Uhr Feuerwerk.

Wattensail: Mitte Aug, s. S. 76.

Wangerooge ▶ E 2

Die Überfahrt nach Wangerooge startet in Harlsiel. Das autofreie, liebenswert überschaubare Eiland ist eine ruhige Familieninsel. Sehenswert sind die vogelreichen Lagunengebiete im Westen der Insel; die Inselbahn passiert sie auf dem Weg vom Fähranleger ins Dorf; bei der Ankunft von Ausflugsschiffen verkehrt sie allerdings meist nicht.

Wahrzeichen der Insel ist der **Neue Westturm** (Jugendherberge), der eine grandiose Sicht über die Insel bietet (Schlüssel an der Rezeption). Die Zedeliusstraße, Wangerooges nette Einkaufs- und Flaniermeile führt vom Ortsmittelpunkt am **Alten Leuchtturm** von 1855 (Heimatmuseum und Aussichtsturm; Ostern–Herbstferien tgl.) direkt zum **Café Pudding** oberhalb der Strandpromenade – Kaffee und Kuchen gibt es hier mit Panoramablick aufs Meer. Im **Rosenhaus** ist das Informationszentrum des Nationalparks Niedersächsisches Wattenmeer untergebracht (Friedrich-Aug.-Str. 18, in der Saison tgl.).

Infos

Kurverwaltung Wangerooge:
Strandpromenade, 26486 Wangerooge,
Tel. 04469 990, www.wangerooge.de,
Unterkünfte: www.westturm.de
Fährverbindung: Tideabhängig ab
Harlesiel (ohne Auto) 2–3 x tgl., Fahrt-
dauer inkl. Inselbahn knapp 1,5 Std.
Bahnhof Harlesiel: Auskunft Tel.
04464 94 94 11.

Neuharlingersiel ▶ D 3

Der geschützte Binnenhafen zählt zu
den schönsten Häfen an der Nordseeküste. Das Hafenbecken, in dem die
Fischkutter vor Anker liegen bzw. ein-
und auslaufen wird vo hübschen Giebelhäusern gesäumt. Sofort fällt das Café Störmhuus (Am Hafen Ost 18) ins Auge. Von dessen reizendem Türmchen aus
hat man einen tollen Blick auf Wattenmeer und Hafen, bei leckeren, großen
Tortenstücken oder einem Eisbecher.

Buddelschiff-Museum

*Am Hafen West 7, www.buddelschiff
museum.de, April–Okt. tgl. 10–13,
13.30–17 Uhr, Erw. 2 €, Kinder 1 €*
Schon beim Betreten des kleinen Rau-
mes wird man von dessen Aufmachung
gefangen. In der roten Wandverklei-
dung lassen Bullaugen den Blick frei
auf die unterschiedlichsten, fein gear-
beiteten Schiffe in den Flaschen. Man
sieht Einbäume, Ruderschiffe aus dem
Altertum, Koggen des Mittelalters oder
gar die untergehende Titanic. Dieter
Julius erzählt gerne etwas über jedes
Exponat.

Rettungsschuppen

*Am Hafen West, Tel. 04974 430, in der
Saison tgl. ab 10 Uhr*
Das Museum im alten Bootsschuppen
der Deutschen Gesellschaft zur Rettung
Schiffbrüchiger (DGzRS) zeigt alte Ret-
tungsgeräte, wie eine Hosenboje, alte
Wasserschöpfeimer und viel Erstaunli-
ches, Unbekanntes und Einzigartiges.

Zu Besuch im Buddelschiff-Museum

Sielhof

Am Kurpark, Tel. 04974 605,
www.siel-hof.de
Der schlossartige, in einem hübschen Park gelegene Sielhof wurde 1755 begonnen und um 1900 zum barock nachempfundenen Herrensitz umgebaut. Das **Haus des Gastes** in der oberen Etage gibt vielfältigen kulturellen Veranstaltungen Raum. Das Erdgeschoss wird von einem stilvoll eingerichteten Café-Restaurant eingenommen (Di–So 11–21 Uhr, ab 15 €).

Seriemer Mühle

2,5 km südl. von Neuharlingersiel, www.seriemer-muehle.de, in der Saison tgl. 11–18 Uhr
Eine lohnende Radtour führt zu der idyllisch gelegenen Mühle mit dem niederländischen Namen *De Goede Verwagting* (die gute Erwartung). Sie stammt aus dem Jahr 1804 und ist noch voll funktionsfähig. Nach der kostenlosen Besichtigung lockt die Teestube (in der Saison tgl. 13–18 Uhr).

Übernachten

Alteingesessen – **Janssen's Hotel:** Am Hafen West 7, Tel. 04974 224, www.hotel-janssen.de, DZ ab 90 €. Einige Zimmer mit Hafenblick. Im Restaurant – das Friesenzimmer ist mit alten Delfter Kacheln geschmückt – kommt tgl. frischer Seefisch auf den Tisch.

Essen und Trinken

Frische Küche – **Hotel-Restaurant Poggenstool:** Addenhausen 1, Tel. 04974 919 10, www.poggenstool.com. Viel Lob erntet die gute Küche aus naturbelassenen Produkten sowie das Weinangebot.

Einkaufen

Frische Ware – **Wochenmarkt:** Am Westanleger, April–Okt. Fr 8–13 Uhr.

Aus dem Meer – **Fischerei-Genossenschaft:** Cliener Straat 14, Tel. 04974 511, tgl. 9–16 Uhr, www.fischereigenossenschaft.de. Frischfischverkauf und Imbiss gegenüber der Zufahrt zum Tagesparkplatz, Tagesgerichte ab 5 €.

Ausgehen

Kultig – **Dattein:** Am Hafen West 13, Tel. 04974 91 24 44, www.dattein.de. Mit maritimem Schnickschnack ausgestattete Hafenkneipe, regelmäßig Live-Musik im Sommer. Tagsüber gibt's Kaffee und Kuchen, aber auch deftige Kleinigkeiten.

Sport und Aktivitäten

Aufs Meer – **Kutterfahrten:** In der Saison (April–Okt.) geht es fast tgl. hinaus aufs Meer, zu den Seehundsbänken, zum Schaufischen etc., Termine sind bei den Kuttern Anna 1 oder Gorch Fock angeschlagen.

Infos und Termine

Touristik Information Neuharlingersiel: Edo-Edzards-Str. 1, 26427 Neuharlingersiel, Tel. 04974 18 80, www.neuharlingersiel.de, Mitte März–Ende Okt. Mo–Fr 8–18, Sa/So 10–15, Ende Okt.–Mitte März Mo–Fr 9–17 Uhr.

Bus: 5 x täglich pendelt der Bäderbus wochentags zwischen Norden (dort hat man Bahnanschluss) und Carolinensiel; im Sommer mit Radanhänger. Nach Esens (ebenfalls mit Bahnanschluss) geht es bis zu 15 x täglich.

Krabbenkutter-Regatta: Juli/August. Gäste sind an Bord willkommen. An Land widmet sich ein Rahmenprogramm rden Themen Fischerei, Wattenmeer und Tourismus.

Spiekeroog ▶ D 2/3

direkt 9| ▶ S. 80

9 Reif für die Insel – Ausflug nach Spiekeroog

Karte: ▶ D 2/3 | **Anreise:** Mit dem Schiff ab Neuharlingersiel

Das malerische Fischerdorf Neuharlingersiel ist Ausgangs- und Endpunkt einer herrlichen Tagestour auf die Insel Spiekeroog. Schon beim ersten Rundgang erliegt man dem Charme des Insellebens, entspannt sich und genießt die wunderschöne, urwüchsige Natur.

Grüne Insel

Ein Blick auf die Inselkarte verrät intensives Grün zusätzlich zum Dünenbewuchs. Den ersten Wald legte 1862 ein Oberforstdirektor und Kurgast aus Hannover an. Die Insulaner erkannten neben der Idylle den hohen Schutzwert des Waldes vor Flugsand und Wanderdünen und folgten seinem Beispiel. Es entstanden weitere Baumoasen. Insgesamt sind es siebzehn, die auch im Herbst sehr begehrt sind, da man dann über 200 Pilzarten finden kann. Das autofreie Eiland, auf dem selbst das Radfahren nur eingeschränkt erlaubt ist, kann noch mit weiteren Superlativen aufwarten: Hier liegt die älteste ostfriesische Inselkirche, fährt die einzige Museumspferdebahn Deutschlands, findet sich die höchste Erhebung der Inselgruppe und gibt es keinen (!) Flugplatz.

Dorfidylle – unverrückbar

Anders als auf den übrigen Ostfriesischen Inseln mussten die Spiekerooger ihr Dorf seit 1600 nicht mehr verlegen. So blieb der historische Ortskern mit den schmucken Häusern im Stil friesischer Bäderarchitektur erhalten und wurde zum Markenzeichen. Auch hier dominiert das Grün: an Fensterläden, Türen oder vorgebauten Veranden auf weißgetünchtem Grund. Der vergnügliche Rundgang (knapp 4 km) durch das Dorf Spiekeroog ist genau das Richtige für eine Halbtagstour.

Vom **Fähranleger** 1 folgt man dem Strom der Besucher den Wüppspoor hinauf zum **Rathausplatz** 2 mit Pavillon zum Verweilen und dem weinumrankten Rathaus. Nach rechts zweigen die beiden Hauptwege – gesäumt von hochgewachsenen Laubbäumen – in den ältesten Teil des Dorfes ab.

Der Noorderloog ist die Flaniermeile der Insel mit Cafés, Restaurants, kleinen Läden und Bäckereien, alles im Puppenstubenformat. Gleich in der Nummer 1 dokumentiert das **Inselmuseum** 3 die Geschichte sowie die Entwicklung von Schifffahrt, Fischerei, Badeleben und Seenotrettungswesen.

Im Süderloog liegt das älteste Haus Spiekeroogs. Das **Alte Inselhaus** 4 stammt aus der Zeit um 1705 herum und besitzt ein so genanntes Schwimmdach, einst Standard auf der Insel. Bei Flutgefahr ließ sich das Dach mit wenigen Handgriffen von seiner Verankerung am Haus lösen und trieb mitsamt den Hausbewohnern wie ein Floß auf dem Wasser. Heute genießt man dort unter inzwischen festem Dach leckeren Kuchen und regionale Küche.

Stimmungsvoll

Die **Alte Inselkirche** 5 von 1696 schräg gegenüber ist das älteste Gotteshaus aller Inseln. Das Innere ist winzig klein und eigentlich ganz unfriesisch, trotzdem ist alles vorhanden: eine Renaissance-Kanzel, ein Altar, eine Orgel aus dem Jahr 1892 und die berührende Pietà. Ob sie wirklich von einem Schiff der spanischen Armada stammt, das 1588 in die Seeschlacht gegen England zog, ist fraglich. Spanische Wurzeln werden aber vermutet.

Durch hohe Dünen an den Strand

Das alte Dorf ist durch einen breiten Dünengürtel vom Meer getrennt. Über Lüttpad und Slürpad erreicht man den Dünenweg Richtung Hauptstrand (10 Min.). Etwa auf halbem Weg lockt die überschlanke Skulptur **»De Utkieker«** 6 auf die 18 m hohe Aussichtsplattform. Sein Blick schweift über die faszinierende Dünenlandschaft bis zu den Weißen Dünen mit der höchsten Erhebung auf den ostfriesischen Inseln, immerhin 24,5 m ü. NN! An manchen Tagen reicht die Sicht – mit dem dort installierten Fernglas – nicht nur bis zum Festland und den Schwester-Inseln, sondern sogar bis nach Helgoland.

Kurz darauf kommt die Strandpromenade mit **Strandhalle** 7 und Strandkorbvermietung in Sicht. Der breite, wunderbar feinsandige Badestrand lockt zum Erkunden, Ausruhen, Buddeln oder Baden.

Die Runde schließt sich

Auf dem **Bohlenweg** 8 entlang, dann ein Stück über den Sand trifft man auf den westlichen Zugang zum Strand (Strandpad). Vorbei am gemütlichen **Lesepavillon** 9, in dem sich Leseratten bei jedem Wetter wohl fühlen, dem Inselbad und dem **Haus des Gastes Kogge** 10 ist der Norderloog bald wieder erreicht. Die unterschiedlichsten Restaurants und Cafés laden nun zur ausgiebigen Pause ein, mit Logenplatz zum Straßentheater.

Inselwesten

Die **Museums-Pferdebahn** 11 rollt auf historischer Strecke ein Stück weit Richtung Westen. Die Haflingerstute Fanny zieht mit großer Geduld den kleinen Wagen (16 Pers.) durch das Deichtor, an der Franzosenschanze und dem ehemaligen Rettungsschuppen vorbei. Man fühlt sich fast in die Zeit zurück versetzt, als das Baden noch streng nach Geschlechtern getrennt stattfand. Dieses und vieles mehr erfährt man bei der leider viel zu kurzen Fahrt (12 Min.).

Endstation ist Westend beim **Old Laramie** 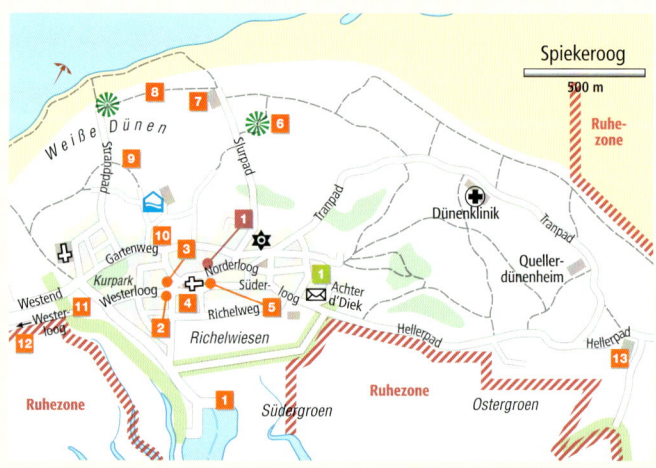 mit dem Café Westend. Nach kurzem Aufenthalt, während dessen man einen Blick auf den Weststrand werfen kann, zuckelt die Pferdebahn wieder zurück zum kleinen Bahnhof.

Spiekeroogs Osten

Bei einer späten Fähr-Rückfahrt sollte man unbedingt das Naturschutzgebiet im Ostteil der Insel erkunden. Vom Ortskern geht es auf dem Süderloog bis zum sehenswerten **Künstlerhaus** 1 und weiter auf dem Hellerpad zur Hermann-Lietz-Schule.

Direkt dahinter liegt das **Umweltzentrum Wittbülten** 13 mit einer hochinteressanten, interaktiven Ausstellung über die Entstehung der Insel und den Naturraum Nordsee. An der Decke schwebt das imposante Skelett eines Pottwals. Über den Tranpad führt der Weg im großen Bogen zurück ins Dorf und zum Fähranleger.

Infos

Fährverbindung: Tideabhängig ab Neuharlingersiel (ohne Auto) 1–3 x tgl., Fahrtdauer 45 Min., Tel. 04976 919 31 33
Inselmuseum: Di–Sa 15.30–17.30 Uhr, 3,50 €
Altes Inselhaus: 15–17, 19–22 Uhr
Haus des Gastes Kogge: Tel. 04976 919 31 01, www.spiekeroog.de, Kurverwaltung, Inselinfos und Schifffahrtspläne
Museums-Pferdebahn: Mo–Fr 10.45, 15, 15.45, So nur 14, 14.30 Uhr, 4 € (einfach 3 €)

Essen und Trinken

Inselcafé 1: Nooderloog 13, www.inselbaeckerei.de, tgl. 8–18 Uhr. Im Schatten alter Bäume gibt es selbstgemachtes Eis und Kuchen, nebenan befindet sich der Inselbäcker mit Teekontor.

Aktivitäten

Künstlerhaus: Achter d'Diek 3, www.kuenstlerhaus-spiekeroog.de. Seminare und Kurse zu vielen Sparten, Malerei, Bildhauerei und Fotografie ebenso wie Musik und Literatur. Auch Ausstellungen und Konzerte.

Esens/Bensersiel ▶ C 3

Sturmflutsicher thront das lebendige Landstädtchen Esens (6900 Ew.) auf einer Geestinsel. Sein Zentrum bildet der mittelalterliche Siedlungskern mit Giebelhäusern am Markt, gepflasterten Gassen und dem baumbestandenen Kirchplatz. Es lockt zum Einkaufen und Bummeln und überall begegnet man dem Bären von Esens, der einst Belagerer der Stadt in die Flucht geschlagen haben soll. Im 13. Jh. lag die einstige Handelsstadt noch direkt an der Nordsee. Wegen zunehmender Verlandung musste schließlich 4 km weiter nördlich ein neuer Hafen gebaut werden: daraus entwickelte sich das familienfreundliche Nordseeheilbad Bensersiel. Einen weiten Rundblick hat man von den futuristischen Fußgängerbrücken, die die Einfahrt zum Sielhafen überspannen. Er ist seit 1859 auch Fährhafen für die Insel Langeoog.

St. Magnus-Kirche

Kirchplatz, Tel. 04971 91 97 12
In einem der bedeutendsten Gotteshäuser Ostfrieslands beeindruckt die Orgel aus dem 19. Jh. von Arnold Rohlfs sowie der Sandsteinsarkophag des 1473 gestorbenen Ritters Sibet Attena. Das separat zugängliche **Turmmuseum** dokumentiert die Kirchengeschichte (April–Sept. So 11–13, Di, Do 15–17 Uhr). Nach 113 Stufen wird man durch einen herrlichen Blick auf die Dächer der Stadt belohnt.

3-D-Museum Holarium

Kirchplatz, www.holarium.de, tgl. 11–18 Uhr, 3,50 €
Die Sammlung Holarium zeigt mehr als 1000 Objekte aus der über 45 Jahre alten Holografie-Geschichte. In Wechselausstellungen faszinieren 3 D-Bilder in neuen Techniken.

Rathaus

Marktplatz, Führung (mit St. Magnuskirche) April–Okt. Do 15 Uhr
Das ehemalige Palais von Heespen und spätere Witwenstift dient heute wieder als Rathaus. Im prachtvoll ausgestatteten Ahnensaal hängen wertvolle Gemälde und Gobelins aus dem 18. Jh.

Bernstein-Huus

Herdestr. 10, www.bernstein-huus. de,April–Okt. Mo–Fr 9.30–13, 15–18, in der Saison Mo–Fr 9.30–18, Sa 10–12.30 Uhr, 3 €, Schleifen für Kinder ca.1 Std. 8 €, Bearbeiten für Erw. 2 Std. 10 € plus Materialkosten (10–30 €)
Kleines Museum, das über Entstehungsgeschichte, Vorkommen und Abbaumethoden des Bernsteins informiert; Verkauf von edlem Schmuck.

Leben am Meer in der Peldemühle

Walpurgisstr., Mitte März–Okt. Di–So 10–17 Uhr, 3,50 €
In dem Galerieholländer von 1850 wird die Siedlungsgeschichte des Harlingerlandes anschaulich und kindgerecht dargestellt. Angeschlossen ist eine Galerie, die zeitgenössische Kunst aus Nordwestdeutschland zeigt.

August-Gottschalk-Haus

Burgstr. 8, Tel. 049 52 32, April–Okt. Di, Do, So 15–18 Uhr, 1,50 €
Das ehemalige jüdische Gemeindehaus von 1899 vermittelt die Geschichte ostfriesischer Juden. Besonders sehenswert: die Mikwe, das rituelle Tauchbad, das bei Sanierungsarbeiten unter dem Fußboden wieder entdeckt wurde.

Naturkundehaus

Seestr. 1, Bensersiel, März–Okt. Di, Mi, Fr 10–12, 15–17 Uhr, Tel. 04971 58 48

Sorgfältig präparierte Tiere, Seewasseraquarien, ausgezeichnete Veranstaltungen.

Übernachten

Mittendrin – **Wieting's Hotel:** Am Markt 7, Tel. 04971 45 68, www.hotelesens.de, DZ ab 75 €. Zentraler kann man nicht wohnen, die Suite hat eine eigene Sauna. Gemütliche Kneipe mit frisch gezapftem Bier.

Komfortabel – **Hörn van Diek:** Lammertshörn 1, Bensersiel, Tel. 04971 24 29, www.hoern-van-diek.de. Appartement o. Zimmer mit Terrasse oder Balkon, DZ ab 78 €. Mit Schwimmbad, Sauna, Dampfbad, Fitnessraum und Solarium, Gehentfernung zur Nordseetherme.

Essen und Trinken

Freundlich – **Ratsgaststätte:** Am Markt 1, Tel. 04971 32 27, www.ratsgaststaette.de, tgl. ab 11.30 Uhr, ab 10 €. Fischspezialitäten und ein umfangreiches Angebot an Fleischgerichten sowie Vegetarischem.

Urgemütlich – **Ostfriesische Teediele Stadt Schkür:** Markt 1a, Tel. 04971 23 14, Hauptsaison tgl. 10–21 Uhr; im Winter Mi–Mo 14–18 Uhr. In dem 1851 als städtischer Viehstall erbauten Café kann man umgeben von antikem Trödel herrlich seinen Tee genießen.

Einkaufen

Obst und Gemüse – **Wochenmarkt:** Esens, Kirchplatz, Mi, in der Saison auch Sa. Bensersiel Do.

Ausgehen

Café und Kneipe – **Pelle:** Walpurgisstr. 18a, Tel. 04971 92 50 90, www.pelleskneipe.de, Mo–Sa 19–23.30/24 Uhr. Gemütlich eingerichtete Kneipe neben der Peldemühle. Kleinigkeiten zu essen und Live-Veranstaltungen.

Kinderparadies Bensersiel: Am Bensersieler Strand liegen das Kinderspielhaus Kunterbunt und das Kletterschiff Hoppetosse (März–Okt. tgl. 10–18 Uhr). Gleich nebenan ist das Meerwasser-Wellenfreibad (Mai–Sept. tgl. 10–19 Uhr, Eintritt frei mit Nordsee-ServiceCard), ein Sport-Themen-Park mit Trampolin und Skaterareal sowie ein Zirkuszelt für viele Veranstaltungen. Das Taka-Tuka-Land im Strandportal ist bei schlechtem Wetter Treffpunkt für kleine Piraten.

Sport und Aktivitäten

Badespaß pur – **Nordseetherme Sonneninsel:** Schulstr. 4, Tel. 04971 91 61 41, www.bensersiel.de, Kernzeit 10–22 Uhr, 2 Std. 7 €, Sauna 3 Std. 11 €. Badeparadies mit Seeräuberinsel, Spieldeck Luftikus, Solarium, römischen Dampfbädern und feinem Wellnessprogramm.

Infos und Termine

Touristen-Information Esens: Am Markt, 26427 Esens, Tel. 04971 917-0, www.esens.de, Mo–Fr 10–13, 14–18, Sa 10–13 Uhr.

Tourist-Information Bensersiel: Am Strand 8, im Strandportal, 26427 Bensersiel, Tel. 04971 917-0, www.bensersiel.de, tgl. 10–17.30, Juli/Aug. tgl. 10–18 Uhr.

Bahn: Regelmäßige Verbindung von Esens über Wittmund und Jever nach Sande und Wilhelmshaven.

Bus: Regelmäßige Verbindung von Esens nach Bensersiel, Neuharlingersiel, Wittmund, Jever und Aurich.

Schützenfest: Fünf Tage ab dem zweiten Wochenende im Juli, www.schuetzenfest-esens.de. Großes Volksfest von überregionaler Bedeutung mit 430-jähriger Tradition.

Langeoog ▶ C 3

Ostfrieslands ›Gipfel‹ lag lange Zeit auf Langeoog, doch durch natürliche Abtragung hat sich die einst über 21 m hohe Melkhörndüne um fast 2 m reduziert. Ein grandioser Aussichtspunkt ist sie immer noch. Auf der Insel gibt es keine Autos, aber zwischen Hafen und Ort verkehrt die nostalgische Inselbahn.

Vom Bahnhof führt die Hauptstraße direkt auf den 1909 erbauten **Wasserturm** zu (April–Okt., Mo–Fr 10–12 Uhr, 1 €), das schöne Wahrzeichen der Insel. Durch den Dünengürtel gelangt man auf die **Höhenpromenade,** an der mehrere Café-Restaurants mit Panoramablick liegen. Die Höhenpromenade führt oberhalb des Kurviertels mit Meerwasser-Erlebnisbad vorbei bis zur Straße Gerk sin Spoor und dem geschichtsträchtigen **Dünenfriedhof** mit dem Grab der Lale Andersen.

Die Insel war die Wahlheimat der Sängerin der Lili Marleen, deren **Bronzestatue** unterhalb des Wasserturms als neues Wahrzeichen der Insel gilt. Ihr einstiges Haus, der schöne, reetgedeckte **Sonnenhof** ist heute eine beliebte

Tee- und Weinstube. Ein viel besuchtes Ausflugsziel für den Nachmittags-Kaffee ist auch die **Meierei Ostende** im Osten der Insel. Von dort führt ein Radweg sowie ein anschließender, gut 700 m langer Fußweg Richtung **Osterhook** mit einer Aussichtsplattform auf das Wattenmeer und eventuell die Seehunde.

Infos und Verkehr
Kurverwaltung Langeoog: Hauptstr. 28, 26465 Langeoog, Tel. 04972 69 30, www.langeoog.de.
Fährverbindung: Tel. 04972 92890, www.schiffahrt-langeoog.de, tideunabhängig ab Bensersiel (ohne Auto) bis zu 9 x tgl., Fahrtdauer inkl. Inselbahn 1 Std.

Dornumersiel/ Neßmersiel ▶ B/C 3

Zur Gemeinde Dornum gehören das Nordseebad Dornumersiel, der Erholungsort Dornum, der Küstenbadeort Neßmersiel und der Flecken Nesse (Gesamtgemeinde 4700 Ew.). **Dornum** (direkt 10 ▶ S. 86) ist ein charmantes Städtchen mit historischen ▷ S. 88

Auf Langeoog verkehrt die nostalgische Inselbahn zwischen Hafen und Ort

10 | Mit der Museumsbahn – von Dornum nach Lütetsburg

Karte: ▶ B/C 3/4 | **Dauer:** Etwa ein halber Tag

Die alte ostfriesische Küstenbahn vermittelt mit ihren historischen Waggons ein Stück Eisenbahnromantik. Die Fahrt von Dornum zum Schloss Lütetsburg und der anschließende Spaziergang durch den bezaubernden Park nach englischem Vorbild verspricht einmal Ruhe vor Wind und Strandleben.

Dorfidylle

Die Tour beginnt in der ehemaligen Häuptlingsfeste **Dornum** mit ihren vielfältigen Sehenswürdigkeiten. Der von außen schlichte Bau der **St. Bartholomäus-Kirche** 1 aus dem 13. Jh. beeindruckt im Inneren mit seiner prächtigen barocken Ausstattung. Berühmt ist die von Gerhard von Holy aus Aurich um 1710/11 geschaffene Orgel mit ihrem unverwechselbaren Klang.

Zeugen der alten ›Herrlichkeit‹ sind die **Beningaburg** 2, auch Osterburg genannt, deren Geschichte bis ins 18. Jh. die Familie Beninga prägte. Heute beherbergt das Gebäude ein Hotel-Restaurant mit idyllischem Biergarten (www.hotel-herrlichkeit-dornum.de).

Das in einem Park gelegene **Wasserschloss** 3 (1678) ist der Nachfolgebau der Norderburg aus dem 16. Jh. Seit 1951 ist darin die Kreisrealschule untergebracht. Der prächtige Rittersaal mit den Deckenmalereien kann während einer Ortsführung besichtigt werden.

Einen Besuch wert sind die **Synagoge** und der **Jüdische Friedhof** 4. In der einzigen in Ostfriesland erhaltenen Synagoge, heute Informations- und Gedenkstätte, wird die Geschichte der jüdischen Gemeinde in Dornum dargestellt – von 1775 bis zu ihrer erzwungenen Auflösung 1940. Ein schmaler Weg führt vom Markt zum versteckten Friedhof. Der älteste Grabstein datiert von 1721, der jüngste stammt aus dem Jahr 1945.

Die seltene **Bockwindmühle** (Bahnhofsstraße Richtung Aurich) aus dem Jahre 1626 soll nach ihrer vollständigen Restaurierung als Schauanlage betrieben werden. Dann drehen sich nicht nur Flügel und Haube, sondern das ganze (auf einen Bock montierte) Mühlenhaus in den Wind.

Im Bummelzug zum Schloss

Die kleine **Bahnstation** liegt im Südosten des Ortes (ausgeschildert). Auf der Bank am Stationshäuschen wartend, sieht man gespannt der Einfahrt der liebevoll restaurierten **Museumsbahn** entgegen, die aus dem Lokschuppen im Norden herangeschnauft kommt. Hat man es sich auf den teils original nachgebauten Sitzbänken bequem gemacht, geht es im Bummeltempo los. An den Fenstern zieht die ostfriesische Marschenlandschaft vorbei, man taucht in den **Berumer Wald** ein, hat einen Zwischenstopp am historischen Marktflecken **Hage** und erreicht nach einer halben Stunde den Haltepunkt Schloss.

Jenseits der Landstraße führt ein schnurgerader Weg zu **Schloss und**

> **Übrigens:** Die Bahnfahrt lässt sich gut mit einer Fahrradtour kombinieren, die Museumsbahn nimmt Fahrräder mit.

Park Lütetsburg aus dem 16. Jh. Das Gebäude darf nicht betreten werden, der wunderbare **Garten** ist jedoch für jedermann zugänglich. Es muss wohl der Zeitgeist gewesen sein, der den Schlossherrn Edzard zu Inn- und Knyphausen veranlasste, 1790 den »wüst gewordenen« Barockgarten in eine Gartenlandschaft im Stil der englischen Landschaftsarchitektur umzugestalten. Seither kaum verändert gehört der Schlosspark mit seinen seltenen Baum- und Straucharten, den lauschigen Wasserläufen, Brücken sowie Kapelle und Tempel zu den schönsten Parkanlagen Norddeutschlands. Er bezaubert vor allem im Mai und Juni während der Azaleen- und Rhododendron-Blüte. Im **Schlossparkcafé** , unter einem grünen Wein-Dach oder auf der Terrasse kann man den Ausflug herrlich ausklingen lassen, bei hausgemachtem Kuchen oder kleinen Gerichten.

Infos

St. Bartholomäus-Kirche: Kirchstr. 19, April–Mitte Okt. tgl. geöffnet, Mitte Juni–Aug. Fr 21 Uhr Nachtorgel bei Kerzenschein

Synagoge: Kirchstr. 6, Tel. 04933 342, www.synagoge-ostfriesland.de, Fr, Sa/So 15–18 Uhr

Museumsbahn: 12,5 km von Dornum nach Lütetsburg, Fahrplan im Veranstaltungskalender oder unter www.mkoev.de, Tel. 04931 16 90 30 (ab 18 Uhr), Ostern, Maifeiertage, Juni–Okt. jeweils So, 7 €

Schlosspark: Okt.–April tgl. 10–17, Mai–Sept. 8–21 Uhr, 1 €

Schlossparkcafé: Landstraße 39, Mo–So 11–18 Uhr

Ostfrieslands Küste – der Norden

Sehenswürdigkeiten aus der Ära der ostfriesischen Häuptlinge. Maritimes Kontrastprogramm bietet das knapp 5 km nördlich liegende **Dornumersiel.** Stiller geht es in **Neßmersiel** zu, hier legt die Fähre nach Baltrum, der kleinsten Ostfriesischen Insel ab.

Nordseehaus

Oll Deep 7, Tel. 04933 15 65, www. nordseehaus-dornumersiel.de, April–Okt. Di–Fr 9–17, Sa/So 13–17 Uhr, im Winter nach Anfrage, Eintritt frei
Ausführliche Informationen zum Wattenmeer sowie zu erneuerbaren Energieformen wie Biogas und Windkraft. Das Zwei-Siele-Museum im Umweltforum des Nordseehauses (Ostfreesenstraat) dokumentiert die wechselvolle Geschichte Dornumersiels, die frühere Bedeutung der Sielorte für die Handelsschifffahrt und die Geschichte der Fischerei (in der Saison Di, Do, Sa 15.30–17.30 Uhr).

Übernachten

Für Pferdefreunde – **Wilhelminenhof:** Dornumersiel, Cassen-Eilts-Pad 8, Tel. 04975 755 98 96, www.wilhelmi nenhof-nordsee.de. Zwei behaglich eingerichtete Wohnungen für 4–5 Pers. im Ferienhaus Findus mitten im Ort, 65–70 €. 500 m zum Badestrand. Die Reithalle am Bauernhof Wilhelminenhof liegt ca. 1 km entfernt (Störtebekerstr. 116, Dornumergrode).

Essen und Trinken

Rustikal – **Alte Schmiede:** Dornumersiel, Cassen-Eilts-Pad 2, Tel. 04933 17 44, www.alte-schmiede-dornumersiel. de, ab 13,50 €. Gourmetküche mit regionalen Zutaten, leckere Fischgerichte und Schafskäse in allen Variationen.
Günstig – **Fisch Rinjes:** Dornumersiel, zwischen Hafen und Jachthafen, Tel. 04933 91 91 30. Exzellente Fischfeinkost, Imbisskarte ab 6 €. Die Einrichtung ist schlicht, aber man hat einen netten Blick auf den Yachthafen.
Urgemütlich – **Aggis Huus:** Neßmersiel, Dorfstr. 49, Tel. 04933 91 40 73, www.aggis-tee-contor.de. Liebenswertes Café und Restaurant, bekannt für leckere Kuchen, Eintöpfe und Bratkartoffeln. Das kleine gemütliche Haus beherbergt auch ein Tee-Kontor und einen Souvenirladen.

Die Beningaburg in Dornum

Urlaub am Meer ist für Hunde nicht immer das, was man sich erträumt. Am Badestrand sind sie ebensowenig erwünscht wie auf dem Campingplatz. **Ein Herz für Hunde** zeigt die Gemeinde Dornum. In Dornumersiel ist ein Hundespielplatz und -Wanderrundweg eingerichtet worden, der auch am Wasser und am Deich entlang führt.

Sport und Aktivitäten

Spielscheune – **Reethaus am Meer:** Dornumersiel, Hafenstr. 3, in der Saison tgl. 10–18 Uhr. Bücherei, Leseraum, Internet-Terminal, Knickerbahn (Knicker = Murmeln), Knicker erhält man kostenlos vor Ort, gegenüber der Skaterbahn.

Infos und Termine

Tourismusbüro: Reethaus am Meer, Hafenstr. 3, 26553 Dornumersiel, Tel. 04933 911 10, www.dornum.de.
Bahn und Bus: Nächster Bahnhof in Norden, von dort verkehrt der Bäderbus nach Dornum-Dornumersiel und Neßmersiel. Doroness-Express: Shuttle-Bus zw. Dornum, Dornumersiel und Neßmersiel, mit Nordsee-ServiceCard 1 €.
Kutterkorso der Fischer: Aug. in Dornumersiel.
Ritterfest zu Dornum: Zwei Wochenenden im Juli/Aug. Edle Ritter kämpfen hoch zu Ross, Gaukler unterhalten das Publikum, Handwerksmeister zeigen ihr Können.

Baltrum ▶ B/C 3

Mit 6,5 km² ist das ›Dornröschen der Nordsee‹ sehr überschaubar: Bewohnt ist – wie auf allen Inseln außer Juist – nur der Westteil in den Siedlungen West- und Ostdorf. Autos gibt es nicht, Fahrräder sind nicht erwünscht, man

braucht sie auch nicht. Für Kinder gibt es die praktischen Bollerwagen (mehrere Verleihstationen), die sie auch zum Buddeln an den weiten, weißen Sandstrand bringen. Straßennamen sucht man auf der Insel vergebens, die Häuser sind chronologisch nummeriert. Zu den ältesten gehören Nr. 5 und 6 in der Nähe der Kirche von 1826 im Westdorf. Daneben steht in einem Glockenstuhl Baltrums Wahrzeichen, eine einst während einer Sturmflut an Land getriebene Schiffsglocke.

Nicht versäumen sollte man eine Wanderung auf dem Gezeitenpfad, der viele Naturphänomene informativ und interaktiv erklärt. Er führt vom Hafen zu Watt und Salzwiesen, an den Strand und zum Gezeitenhaus (Nr. 177, www.gezeitenhaus-baltrum.de, Di–Fr 10–12, 15–19, Sa/So 15–19 Uhr).

Infos und Verkehr

Kurverwaltung Baltrum: Tel. 04939 800, 26574 Baltrum, www.baltrum.de.
Fährverbindung: Reederei Baltrum-Linie, Tel. 04933 99 16 06, www.baltrum-linie.de, tideabhängig ab Neßmersiel (keine Autos) 2–3 x tgl., 30 Min.

Norden/Norddeich

▶ A/B 3/4

Die älteste Stadt Ostfrieslands (ca. 25 000 Ew.) gehörte gegen Ende des 15. Jh. zu den führenden Häfen an der ostfriesischen Küste, als die Leybucht (s. S. 101) noch bis nach Norden reichte. Stattliche Bürgerhäuser aus dem 17. und 18. Jh. zeugen von dem einstigen Wohlstand. Sie reihen sich um den baumbestandenen Marktplatz mit der imponierenden Ludgeri-Kirche. Mit zunehmender Verlandung und Eindeichung der Leybucht verlor Norden seine Bedeutung als Handelshafen, entwickelte sich bis heute jedoch zur beliebten Einkaufs- und Bummelstadt mit spannenden Museen. Fährhafen und Badestrände liegen im 4 km entfernten Stadtteil Norddeich, dem größten Küstenbad Ostfrieslands.

Ludgeri-Kirche

Saison Di–Sa 10–12.30, Di–Sa 15–17 Uhr, im Winter auch Mo vormittags, Gottesdienst So 10 Uhr

Der heute bedeutendste mittelalterliche Kirchenbau Ostfrieslands stammt in seinen ältesten Teilen aus dem 13. Jh., der freistehende Glockenturm entstand um 1300. Im Innern birgt die Kirche eine der klangschönsten Orgeln Norddeutschlands, die der berühmte Orgelbauer Arp Schnitger zwischen 1686 und 1692 schuf.

Altes Rathaus

Am Markt 36, Öffnungszeiten s. S. 92

Der Bau aus dem 16. Jh. an der Westseite des Markts beherbergt das sehenswerte **Tee- und Heimatmuseum** (**direkt 11** S. 91) mit Sammlungen zur Stadtgeschichte und regionalen Kultur. Im Untergeschoss befindet sich die Theelkammer, der Versammlungsraum der Theelacht, einer Genossenschaft von Erbbauern, die seit über 1100 Jahren besteht.

Alte Bürgerhäuser

Um den Marktplatz reihen sich einige sehenswerte Häuser (Nr. 12–18) aus vier Jahrhunderten: die palaisartige **Mennonitenkirche** aus dem Jahr 1662, das klassizistische Neue Rathaus von 1884 in Zartgelb und mit filigranem Balkongeländer sowie die **Dree Süsters** (Drei Schwestern), ein Kleinod der Backsteinarchitektur anno 1617. An der Ostseite des Platzes fällt das **Vossenhaus** aus dem 19. Jh. mit dem hübschen Fuchsrelief ins Auge. Das **Schöninghsche Haus** (1576; Osterstr. 5) gilt als das am reichsten verzierte Haus der Renaissance in Ostfriesland. Es weist typisch niederländische Specklagen auf, d. h. die Backsteinfassade ist immer wieder von hellen Sandsteinbändern unterbrochen. ▷ S. 93

Der bedeutendste mittelalterliche Kirchenbau Ostfrieslands – die Ludgeri-Kirche in Norden

11 | Ostfriesenrecht – Teemuseum in Norden

Karte: ▶ A/B 4 | **Museumsbesuch:** In Norden, Am Markt 36

Teetrinken nach Ostfriesenart bedeutet mehr Lebensqualität. Mindestens zweimal am Tag »Is Teetied«, mit wenigstens drei Tassen pro Pause. Über dies Ostfriesenrecht, wer die Ostfriesische Rose zum Blühen brachte oder etwa über die Teekultur der Tuareg, erfahren Sie beim Rundgang durch das Teemuseum und während einer ostfriesischen Teezeremonie.

Der Tee aus China, die Rose aus Thüringen

Betritt man den hübschen **Renaissance-Bau** 1 aus dem Jahr 1539, merkt man gleich, wer hier die Hauptrolle spielt – der Tee. Zartes Tee-Porzellan aus aller Herren Länder wirbt mit bauchigen, eckigen oder ovalen Formen und Designs in zarten oder leuchtenden Farben für das jeweilige Heimatland, mittendrin die Ostfriesische Rose. Eine Firma aus Thüringen brachte schon im 18. Jh. das Dekor mit der eher abstrakt gemalten Rose auf dünnwandigem, geripptem Porzellan nach Ostfriesland.

Die Kenntnis von der besonderen Eignung von Porzellan-Gefäßen für die Teezubereitung gelangte ebenso wie der Tee durch die Handelstätigkeit der Niederländischen Ostindien-Kompanie von China nach Europa. Hauptabnehmer waren vor allem Irland, Ostfriesland und England. Genau in dieser Reihenfolge, denn der Teekonsum liegt bei den Ostfriesen noch vor dem der Engländer! Noch heute fließt ein Viertel des nach Deutschland importierten Tees durch ostfriesische Kehlen, obwohl sie nur zwei Prozent der Bevölkerung ausmachen.

Die Mischung macht's

Das Untergeschoss des Museums widmet sich der Gewinnung und Verarbeitung des Tees. Verstaut in Containern kommen die Teeblätter aus dem Indischen Ozean bis in die Elbe und per LKW nach Ostfriesland. Erst dort wird er zur unverwechselbaren Mischung aufbereitet.

Die Echte Ostfriesenmischung hat sich bis heute in ihrer Zusammensetzung erhalten: etwa 70 % hochwertiger Assam-Tee und 30 % kräftiger Sumatra- oder Ceylon-Tee. Teetester sorgen für den immer gleichen Geschmack. Das im Tee enthaltene Koffein ist an Gerbstoffe gebunden und wird daher mit Verzögerung frei gesetzt. Die anregende Wirkung hält dafür länger an. So kann Tee bei Kälte wärmen, bei Hitze kühlen, aufheitern oder nach längerem Ziehen beruhigen.

»Is Teetied« – nicht nur im Museum

Die Teezeremonie ist ein wichtiger Bestandteil der ostfriesischen Geselligkeit. Die Küstenbewohner wissen einen kräftigen, guten Tee zu schätzen, dessen Zubereitung sie zelebrieren.

Glimmt im Teestövchen die kleine Flamme, stellt sich automatisch eine ruhige Behaglichkeit ein. Die zarten Porzellantassen, die Kluntjes (dicker, weißer Kandiszucker) und die gute Sahne stehen bereit: In die Tasse wird zuerst ein Kluntje gelegt. Darauf wird der heiße Tee gegossen, so dass es knackt, es heißt, der Zucker wird »zum Lachen gebracht«. Schließlich folgt ein Löffelchen Schlagsahne, aufgelegt gegen den Uhrzeigersinn, damit die Zeit während des Genusses stehen bleibt. Die Sahne taucht ab und kommt als kleines Wölkchen (Wulkje) wieder an die Oberfläche. Nun genießt man ohne umzurühren in Etappen: Den mit Sahne abgerundeten Tee, das kräftige, herbe Teearoma und zuletzt die köstliche Süße. Man bekommt so lange nachgeschenkt, bis man den Löffel in die Tasse stellt.

Will man es den Ostfriesen gleich tun, genießt man diese erholsame Pause zumindest beim Elführtje (11 Uhr Tee) und gegen 15 Uhr, mit mindestens drei Tassen – denn dreimal ist Ostfriesenrecht und viermal ist es auch nicht schlecht! Diese und noch viele andere Geschichten erfahren Sie bei der gemütlichen Teezeremonie.

Öffnungszeiten

Ostfriesisches Teemuseum: Am Markt 36, Eingang Altes Rathaus, Tel. 04931 121 00 www.teemuseum.de, März–April Di–So, Nov.–Febr. Mi, Sa 11–16 Uhr, Mai–Okt. Di–So 10–17 Uhr, im Juli/Aug. auch Mo, 4 €, zum Teezeremonie Di, Sa (zzgl. 1,50 €) besser zuvor anmelden

Was gibt es hier noch?

Im kleinen **TeeMuseum Sammlung Oswald-von-Diepholz** 2 (Am Markt 33, www.teemuseum-norden.de, April–Okt. tgl. 12–18, sonst Di, Fr 11–16 Uhr, 3,50 €) gleich neben dem Ostfriesischen Teemuseum liegt der Schwerpunkt auf den vom Tee beeinflussten Beziehungen zwischen Europa und Asien sowie der internationalen Kulturgeschichte des Tees. Die Sammlung zeigt Teegerätschaften und Teeporzellane aus 1000 Jahren, vor allem aus Japan und China.

Waloseum

Osterlooger Weg 3, Norden, www. waloseum.de, tgl. 10–17 Uhr, Nov.–März nur Sa/So, 5 €, Familien 14 €, Kombikarte + Seehundstation 9 €, Familien 19,90 €

Viel Wissenswertes über die Meeressäuger sowie die Vögel der Küste. Beeindruckend ist das Skelett eines 2003 an der Küste zwischen Norden und Norderney gestrandeten Pottwals.

Übernachten

Einfach charmant – **Hotel Zur Post:** Am Markt 3, Norden, Tel. 04931 27 87, www.hotel-zur-post-norden.de, DZ ab 56 €. Kleines Hotel, das Radfahrer ohne Murren auch für eine Nacht aufnimmt; mit Café und Kneipe.

Zum Wohlfühlen – **Stadthotel Smutje:** Neuer Weg 89, Norden, Tel. 04531 942 50, www.stadthotelsmutje.de, DZ 74, Familienzimmer 86 €. Geschmackvolles, persönlich geführtes Hotel in der Fußgängerzone. Mit Restaurant und gemütlicher Teestube.

Essen und Trinken

Urig – **Alte Backstube:** Westerstr. 96, Norden, Tel. 04931 143 75, tgl. ab 18 Uhr. Pizza 6–8, freitags alle 5 €. Bistro-Café-Kneipe mit urigem Ambiente.

Gemütlich – **Minna am Markt:** Am Markt 68, Norden, Tel. 04931 32 11, So–Fr 11.30–14, 17.30–22, Sa 17–22 Uhr, 10–17 €. Ostfriesische Spezialitäten und leckere Fischgerichte.

Gediegen – **Shafies Speicher:** Neuer Weg 77, Norden, Tel. 04931 93 22 26, www.shafies-speicher.de, 9–21 €. Ehemaliges Packhaus mit viel Flair. Im Bistro Gebäck und leichte Speisen, abends fantasievoll gemixte Cocktails, im Restaurant Speisen à la carte.

Mittendrin – **Café ten Cate:** Osterstr. 153, Norden, Tel. 04931 24 20. Seit 130 Jahren Konditorei, Bäckerei und Confiserie. Es gibt diverse reichhaltige Frühstücke, leckere Pfannengerichte und köstliche Kuchen.

Einkaufen

Kunsthandwerk – **Ateliers Große Neustraße:** Norden, www.kunst-in-norden.de, Mo–Fr 10–18, Sa 10–14 Uhr. Fünf Nordener Künstler haben ihre Werkstätten in der Großen Neustraße. Nr. 7: Christel Weingart (Filzatelier) u. Susanne Frank (Glaskunst), Nr. 6: Heiko Labusch (Keramik) u. Diana Rodriguez (Freie Kalligrafie), Nr. 14: Gunter Ebersbach (Kugelhaus/Kleinholz).

Delikatessen – **Das Kontor:** Große Neustr. 8–9, Norden, www.das-kontor-norden.de, Mo–Fr 9.30–18, Sa–14 Uhr. Kleine, aber feine Weinauswahl, Feinkost und Bistro.

Ausgehen

Kult – **Meta's Musikschuppen:** Deichstraße 10, Norddeich, Fr, Sa ab 22 Uhr, in der Hochsaison auch Mi u. So. »Komm wir geh'n zu Meta« heißt es seit 45 Jahren; viele Auftritte namhafter Künstler und Bands.

Sport und Aktivitäten

Immer Wellen – **Ocean Wave:** Dörper Weg 22, im Wellenpark Norddeich, Tel. 04931 98 63 00, www.ocean-wave.de, Mo–Fr 10–21, Sa/So 10–20 Uhr, Sauna jeweils 1 Std. länger. 6,50 € (90 Min.) mit Sauna 13 €. Familien- und Erlebnisbad mit Wellnessangebot.

Museumseisenbahn-Küstenbahn-Ostfriesland: s. S. 86

Ausflüge zu den Seehundbänken: `direkt 12|` S. 94

Infos

Tourist-Info Norden: Marktpavillon, Am Markt, Tel. 04931 98 62 01, www.norden.de, Mo–Fr 9–12.30, 14–17 Uhr. ▷ S. 97

12 | Robben im Wattenmeer – Fahrt zu den Seehundbänken

Karte: ▶ A 3 | **Schiffsausflug:** Ab Hafen Norddeich, Dauer. 1,5 Std.

Zu den schönsten Erlebnissen gehört eine Fahrt zu den Seehundbänken, bei der man die niedlichen Meeressäuger in ihrem natürlichen Biotop beobachten kann. Ein Mitarbeiter der Seehundstation Norddeich begleitet mit seinem Fachwissen die Fahrt. Der Besuch in der Seehundstation schließt sich an.

An der Nordseeküste leben zwei von 35 Robbenarten: Seehund und Kegelrobbe. Sie gehören zu den Hundsrobben und haben sich aus otterähnlichen Vorfahren entwickelt.

Die Seehunde leben die längste Zeit des Jahres in der offenen See, meist verbringen sie nur die warmen Sommermonate im Wattenmeer. Zur Geburt und Aufzucht der Jungen, zum Haarwechsel und in der Paarungszeit im Spätsommer sind sie auf die Sandbänke angewiesen, die bei Niedrigwasser

trocken fallen. Diese liegen größtenteils in der Ruhezone des Nationalparks, der nicht betreten werden darf.

Die Bootstour der **Reederei Norden-Frisia** 1 bietet die Möglichkeit, die Seehunde in ihrem Element zu erleben, ohne sie zu gefährden. Nach einer halben Stunde Fahrt ist es soweit. Der Ruf »Seehunde voraus« ertönt, und da liegen auch schon die Maskottchen der Nordsee und dösen in der Sonne – doch die Idylle täuscht.

Jagd und Seuchen

Der Seehundbestand war in den letzten Jahrzehnten immer wieder stark gefährdet: Die Jagd auf Seehunde als Nahrungslieferant und später als Nahrungskonkurrent ist seit Mitte der 1970er-Jahre in Deutschland verboten. Trotzdem konnte sich der Bestand zunächst nicht wesentlich erholen. Die Verschmutzung der Meere durch die Einleitung von Schadstoffen schritt voran. Da Robben, wie auch Wale, am Ende der Nahrungskette im Meer stehen, reicherten sich viele Schadstoffe in ihren Körpern an, schwächten ihr Immunsystem und machten sie anfällig für Krankheitserreger. So konnten sie dem Ausbruch der Seehundstaupe, ausgelöst durch das Phocine Distemper Virus (PDV), in den Jahren 1988 und 2002 nichts entgegen setzen. Zwei bzw. ein Drittel der Population starben.

Nachhaltige Gefährdung

Schon die teilweise Reduzierung der Einträge einiger Schadstoffe führte zu einer relativ schnellen Erholung der Bestände. Ein Zusammenhang zwischen Umweltgiften und Krankheitsanfälligkeit lässt sich im Vergleich mit geringer verschmutzten Meeresgebieten beweisen: etwa vor Schottland, Irland, Norwegen oder Island wurden nur wenige erkrankte Tiere gefunden, obwohl auch dort PDV auftrat. Eine weitere Senkung der Schadstoffzufuhr muss das Ziel sein, damit kein Giftcocktail im Körperspeck der Tiere mehr nachgewiesen werden kann und sich der erfreuliche Bestand im dänischen, niederländischen und deutschen Wattenmeer von 21 571 Tieren im Jahr 2009 nicht wieder verringert.

Bitte Ruhe

Auch Störungen durch Wattwanderer, Ausflugsboote oder Surfer bedrohen die Existenz der Seehunde. Ende Mai beginnt deren Wurfzeit. Auf den Sandbänken bringen die Muttertiere ihre Jungen in einer sogenannten Sturzgeburt (in wenigen Minuten) zur Welt. Werden diese dann beim Säugen öfters gestört, können sie nicht genug Fett ansetzen und damit nicht genug Widerstandskräfte sammeln.

Oder schlimmer noch, die Mütter werden aufgescheucht und fliehen ins Wasser, ihr sicheres Element. Mit heulenden Rufen versuchen die Jungen ihre Mütter wieder herbei zu rufen. Um eine Rückkehr der Mutter zu ermöglichen, sollte man dringend genügend Abstand (mind. 300 m) von den Heulern halten. Findet man doch einmal einen vermeintlich mutterlosen Seehund, darf er nicht angefasst werden, denn er ist ein Wildtier und kann auch schmerzhaft beißen. Man sollte bald möglichst den Fund der Seehundstation melden (Tel. 04931 89 19).

… auch unter Wasser

Akustische Signale werden von Seehunden an Land, aber auch unter Wasser genutzt, um zu kommunizieren oder zur individuellen Erkennung. Vor allem für Jungtiere ist die Wahrnehmung von für sie relevanten Geräuschen (Zuruf der Mutter) lebenswichtig.

Der Lärmpegel steigt im Wattenmeer ständig, ausgelöst durch Schifffahrt, Bautätigkeit, Bohrinseln und eventuell den Betrieb von Windenergieanlagen. Schallwellen haben im Wasser eine wesentlich größere Reichweite und treffen daher auch aus größerer Entfernung noch das empfindliche Gehör der Seehunde. Sie lösen bei den Tieren Stress aus und stören nicht nur die Mutter-Kind-Beziehung, sondern auch das Paarungsverhalten nachhaltig. Daher hält auch der Ausflugskutter gebührend Ab-

Übrigens: Wer auch die weitaus seltenere Kegelrobbe in der Natur sehen möchte, kann sich einem Ausflug an die Sandbank ›Düne‹ vor Helgoland anschließen. Der Bestand der eher spitznasigen, größeren und schwereren Robbenart steigt erfreulicherweise wieder deutlich an, 2009 wurden 2756 Tiere im Wattenmeer gezählt.

stand und scheucht die ruhenden Seehunde nicht auf.

Seehundstation

Ganz aus der Nähe lassen sich die possierlichen Robbenkinder in der **Seehundstation** [2] an Land beobachten. Dort werden jährlich zwischen 30 und 80 verwaiste oder kranke Seehunde sowie Kegelrobben, Kleinwale und Delfine aufgezogen. Meist von Juni/Juli, kurz nach ihrer Geburt bis in den Herbst werden sie bis auf 25 kg aufgepäppelt, um wieder in die Nordsee ausgewildert werden zu können. Der Besucher sieht die Jungtiere in den naturnah gestalteten Beckenanlagen und schaut ihnen durch große Fenster auch unter Wasser beim Spielen zu. Während der Fütterung und in der großen Ausstellung erfährt man viel über Leben und Lebensraum der Tiere.

Infos

Reederei Norden-Frisia: Tel. 04931 98 70, www.reederei-frisia.de, in der Saison 1–3 Fahrten pro Woche, Dauer ca. 1,5 Std., 9 €

Seehundstation: Nationalparkhaus, Dörperweg 24, www.seehundstation-norddeich.de, tgl. 10–17 Uhr, Fütterung 1 und 15 Uhr, 5 €

Essen und Trinken

Restaurant Seestern [1]: Deichstr. 8, Tel. 04931 811 17, tgl. 1–21.30 Uhr, ab 9 €. Frischer Fisch in reichlichen Portionen, mit Außengastronomie.

Erlebnisbad

Zum Toben und Entspannen lädt das Ocean Wave [1] ein (s. S 93).

Tourist Information Norden-Norddeich: Dörper Weg 22, 26506 Norden-Norddeich, Tel. 04931 98 62 00, www.norddeich.de, Mo–Fr 8.30–13, 14–17, Sa 10–16 Uhr. Sonst auch Infos an der Kasse im Ocean Wave (s. o.).

Bahnstationen: Hauptbahnhof Norden, Norddeich-Mole.

Flüge: Tgl. Flugverkehr auf die Inseln, FLN FRISIA, Tel. 04931 933 20, www.fln-norddeich.de.

In der Umgebung

Marienhafe (▶ B 4): Bevor die von 1230 bis 1250 erbaute **St.-Marien-Kirche** im 19. Jh. verkleinert wurde, war sie der gewaltigste Kirchenbau in ganz Ostfriesland. Ein Prachtstück ist die von Gerhard von Holy geschaffene Orgel (1710–13). Der ehemals 72 m hohe Turm soll dem Piraten Störtebeker als Hauptquartier und Beutespeicher gedient haben.

Als der Seeräuber hier Ende des 14. Jh. Unterschlupf suchte, war Marienhafe sturmflutbedingt zu einem Hafenort geworden. Die Seeräuber konnten – so will es zumindest die Legende – ihre Schiffe noch direkt an der die Kirche umgebenden Wallfestung festzurren. Im Turm der Kirche ist in der Störtebekerkammer ein kleines **Museum** untergebracht (April–Sept. Mo–Sa 10–12, 14–17, So 14–17 Uhr).

Norderney ▶ A/B 3

Als erstes deutsches Nordseebad 1797 von Preußenkönig Friedrich Wilhelm II. gegründet, gilt Norderney als Grande Dame unter den Inseln. Ihre große Zeit brach an, als König Georg V. von Hannover im Jahr 1836 seine Sommerresidenz nach Norderney verlegte, fortan trafen sich hier Adelige, Staatsmänner und Künstler.

Die St. Marien-Kirche in Marienhafe

Klassizistische Prachtbauten aus jener Zeit verleihen der Insel noch heute ein vornehmes Flair. Mittelpunkt ist der Kurplatz mit dem eleganten **Conversationshaus** und dem wunderbar plüschigen **Kurtheater** aus der Gründerzeit. In der Hochsaison drängeln sich Urlauber und Tagesgäste durch die Fußgängerzonen, Geschäft reiht sich an Geschäft – Norderney ist auch eine Shopping-Insel. Im **Café Marienhöhe** oberhalb der Promenade ließ schon der Dichter Heinrich Heine den Blick über die Nordsee schweifen. Trotz des städtischen Charakters – einschließlich der vielen Autos – gibt es auch herrliche Strände und ein ganzes Netz von Rad- und Wanderwegen. Im **Fischerhausmuseum** (Mo–Fr 15–17, So 10–12 Uhr) im Argonner Wäldchen taucht man in die Lebensweise der alten Norderneyer ein.

Wer bis zum Ablegen der Fähre noch etwas Zeit hat, sollte im **Nationalparkhaus** vorbeischauen (gleich beim Anleger, Di–So 9–18 Uhr).

Das alte Kurhaus von Juist ist heute ein exklusives Hotel-Restaurant

Infos

Tourist-Information Norderney: Im Conversationshaus, Am Kurplatz 1, 26548 Norderney, Tel. 04932 89 11 32, www.norderney.de.

Fährverbindung: Reederei Norden-Frisia, Tel. 04935 910 10, www.reederei-frisia.de, tideunabhängig ab Norddeich (mit Auto), in der Saison fast stdl., Dauer ca. 1 Std.

Juist ▶ A 3

Dat Töwerland, ›das Zauberland‹, wird die nur 500–1000 m breite, autofreie Insel genannt. Bei der Ankunft der Fähre warten Pferdekutschen, um Feriengäste abzuholen. Tagesgäste können sich getrost zu Fuß aufmachen, der Weg in den Hauptort dauert kaum 2 Minuten. Und noch ein paar Schritte weiter gelangt man wieder ans Meer und den Strand.

Im wahrsten Sinne des Wortes herausragend ist das **alte Kurhaus**, das im Jahre 1912 den König von Sachsen mit seinem Gefolge beherbergte. Das imponierende Bauwerk wurde inzwischen zu einem exklusiven Hotel-Restaurant ausgebaut.

Lohnend ist ein Spaziergang in den Westen der Insel: Das **Küstenmuseum** im Ortsteil Loog (Loogster Pad 29, www.kuestenmuseum-juist.de, in der Saison Di–Fr 9.30–13, 14.30–17, Sa 9.30–14, So 14.30–17 Uhr, sonst Di, Sa 14–17 Uhr, 2,50 €) informiert über Natur und Geschichte der Insel.

Traumhaft ist eine Wanderung um den **Hammersee**, den einzigen größeren Süßwassersee auf den Inseln. Im äußersten Inselwesten lädt die **Domäne Bill,** das beliebteste Juister Ausflugslokal, zur Rast (i. d. R. 11–17 Uhr, Mi Ruhetag). Hier sollte man unbedingt Rosinenstuten probieren, dick mit Butter bestrichen.

Infos

Kurverwaltung Juist: Postfach 1464, 26560 Juist, Tel. 04935 80 91 06, www.juist.de.

Fährverbindung: Reederei Norden-Frisia (s. o.) tideabhängig ab Norddeich 1–2 x tgl., Fahrtdauer ca. 90 Min.

Ostfrieslands Küste – Der Westen

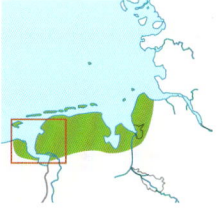

Greetsiel ► A 4

Der Fischer- und Künstlerort (1600 Ew.) war von 1464–1744 Stammsitz der Häuptlingsfamilie Cirksena. Mit seinen restaurierten Giebelhäusern aus dem 17. und 18. Jh., einer mittelalterlichen Kirche, den baumbestandenen, verwinkelten Klinkerstraßen und dem verträumten Hafen erinnert Greetsiel an ein Freilichtmuseum – eine Bilderbuchschönheit. Überdies ist der Ortskern für Autos gesperrt (Parkplätze sind ausge-schildert). Im Greetsieler Hafen, der seit 1991 durch den Bau der Leyhörn-Schleuse (s. S. 101 vor Greetsiel tideunabhängig ist, liegt die mit etwa 25 Schiffen größte Krabbenkutterflotte zwischen Weser und Ems. Das alte Siel, das das innere Sieltief vom Hafen trennt, entstand gegen Ende des 18. Jh. als die Preußen (seit 1744 Herrscher über Ostfriesland) den Hafen ausbauten. Der schmucke Ort wird gern als Filmkulisse genommen, bei Tatort- oder Ottofilmen.

Das Wahrzeichen Greetsiels sind die Zwillingsmühlen

Greetsieler Museumshaus

Zur Hauener Hooge 11, tgl. 10–18 Uhr, 2 €

Mit 800 Buddelschiffen eine der größten Sammlungen Europas, Modelle aus aller Welt, vom Kutter bis zu Siebenmastern. Gleichzeitig ist es ein Schiffsmuseum und Kajütenkino zu wechselnden maritimen Themen.

Nationalparkhaus

Schatthauser Weg 6, Tel. 04926 20 41, www.nationalparkhaus-greetsiel.info, April–Okt. Mo–Fr 10–18, Sa/So 11–17 Uhr

In dem restaurierten Gulfhof findet man vielfältige Informationen über den Lebensraum Wattenmeer mit Vogelwelt, Deichbau und Fischerei; Führungen speziell für Kinder, Mikroskopie-Nachmittage und Exkursionen. Man kann auch der Fütterung der Aquariumstiere zuschauen.

Zwillingsmühlen

Wahrzeichen Greetsiels sind die beiden Mühlen am südlichen Ortsausgang. In der vom Ort aus gesehen ersten Mühle ist eine Teestube mit Galerie (tgl. außer Mi 13–18 Uhr) untergebracht. Die zweite Mühle ist noch in Betrieb und kann besichtigt werden (April–Okt. Mo–Sa 7–18, So ab 7.30 Uhr, sonst bis 17 bzw. Sa bis 13 Uhr).

Im Mühlenladen gibt es frisch gemahlenes Mehl, Vollkornprodukte, Teegeschirr, Souvenirs. Nebenan in Schoof's Mühlencafé (tgl. 11–18.30 Uhr) wird der Kuchen im Sommer auf der lauschigen Terrasse direkt am Wasser serviert.

Übernachten

Behaglich – **Hotel Witthus:** Im Kattrepel 5–9, Tel. 04926 920 00, www.witthus.de, DZ 84–125 €. Stilvolles Haus in ruhiger, zentraler Lage mit 17 freundlichen Zimmern und zwei Suiten, Sauna, Solarium; hoch gerühmtes Restaurant mit Teestube, Gartencafé und Kunstgalerie.

Essen und Trinken

Köstlich und kreativ – **Fischerhus:** Sielstr. 5, Tel. 04926 319, www.fischerhus-greetsiel.de, Mi–Mo ab 10 Uhr, 5–18 €. Gemütliches Restaurant mit Tischen draußen und feinstem Hafenblick, leckere Fischgerichte.

Urgemütlich – **Poppinga´s Alte Bäckerei:** Sielstr. 21, Tel. 04926 13 93, www.poppingas-alte-backerei-greetsiel.de, tgl. 11–18 Uhr, im Winter s. Aushang. Die traditionsreiche Teestube ist gleichzeitig Museum, mit Teilen der alten Bäckerei, Butzenbetten und einem alten Ladentresen. Der Kuchen ist selbst gebacken, der Tee wird auf dem Stövchen serviert.

Einkaufen

Feine Auswahl – **Galerie Cicero:** Mühlenstr. 12, Tel. 04926 16 12, Di–Sa 11–18, So 14–18 Uhr. Vergleichsweise preiswerte Bilder und originelle Postkarten.

Ausgehen

Urig – **Hafenkieker:** Am Hafen 1, Tel. 04926 16 49, www.hafenkieker-greetsiel.de. Gemütliches Bierlokal, in dem es auch leckeren Cappuccino und Kuchen gibt sowie kleinere Speisen. Es darf geraucht werden.

Sport und Aktivitäten

Erlebnisbad – **Oase Greetsiel:** Zur Hauener Hooge, Tel. 04926 91 88 30, Mo, Di, Do, Fr 15–21 Uhr (in den Ferien erweiterte Öffnungszeiten), Mi 9–19, Sa/So 10–18 Uhr. Schwimmbad (30 °C), Dampfbad, Saunen, Wellnessbereich, 2 Std. 4,50 €, inkl. Sauna 4 Std. 9 €.

Kanalfahrt – **Laugskip:** Tel. 0178 884 59 14, ab Mühlenanleger, 5 x ab 11.30 Uhr, 5 €.

Kinder – **Kinderhaus Lükko Leuchtturm:** Mit großem Abenteuerspielplatz beim Haus der Begegnung. Kindertheater, Basteln, Malen etc., allerdings müssen die Eltern dabei sein.

Infos und Termine

Touristik-GmbH Krummhörn-Greetsiel: Zur Hauener Hooge 11, im Gebäude der Oase Greetsiel, 26736 Krummhörn-Greetsiel, Tel. 04926 918 80, www.greetsiel.de, Mo–Fr 10–20, Sa/So –17 Uhr.

Bus: Verbindungen nach Emden und Norden, dort hat man jeweils Bahnanschluss.

GartenRoute Krummhörn: März bis Okt. Zwischen Emden, Norden und Greetsiel werden historische Parkanlagen und private Kräuter- und Cottagegärten für Besucher geöffnet. Programm bei der Tourist-Info oder unter www.gartenroute-krummhoern.de

Krummhörner Orgelfrühling: Mai, s. S. 19

Kutter-Korso: Juli. Mit über 20 Kuttern, viele nehmen Gäste an Bord. Großes Rahmenprogramm u. a. mit Krabbenpulwettbewerb.

Greetsieler Woche: Juli/Aug. Festprogramm, ostfriesische Künstler und Kunsthandwerker stellen ihre Werke aus.

In der Umgebung

Naturschutzgebiet Leyhörn (▶ A 4): Die Leybucht ist neben Dollart und Jadebusen eine der drei noch offenen Buchten an der deutschen Nordseeküste. Ihre Geschichte ist geprägt vom Kampf des Menschen mit den Naturgewalten und der Landgewinnung. Der Plan, die Bucht vollständig einzudeichen, stieß auf den zähen Widerstand der Naturschützer, die um den Erhalt eines der größten Salzwiesenbiotope

Der Leuchtturm von Pilsum diente bereits als Filmkulisse

Europas kämpften. Schließlich baute man nur eine eingedeichte ›Nase‹, an deren Ende ein Sperrwerk mit Entwässerungssiel und Schleuse liegt. Binnendeichs erstrecken sich nun ein tidenunabhängiges Fahrwasser zum Greetsieler Hafen sowie ein großer Speichersee. Die Feuchtwiesen im südlichen Bereich des Leyhörn bieten Bodenbrütern wie Uferschnepfen, Rotschenkeln und Kiebitzen geeignete Brutplätze, in den Schilfzonen am Rand des Speicherbeckens sind Entenvögel, Rohrsänger und andere Wasservögel zu finden. Ausgangspunkt für eine schöne Rad-Wanderung ist Greetsiel bzw. der Parkplatz im Südwesten des Naturschutzgebiets.

Pilsum ▶ A 4/5

In der Mitte des beschaulichen Warfendorfes mit roten Backsteinhäusern und hübschen Gärten erhebt sich eines der schönsten Gotteshäuser des Landes: die alles überragende **St. Stephanuskirche** aus dem 13. Jh. Ein Farbtupfer auf dem grünen Deich ist der rot-gelb gestreifte **Leuchtturm** von Pilsum. Berühmt wurde er durch den Spielfilm des Komikers Otto Waalkes »Otto der Außerfriesische« (geöffnet im Rahmen von Führungen, s. Veranstaltungskalender oder www.greetsiel.de). Ottos Turm ist vielen Kindern durch die Bücher von Bernd Fleßner und Peter Pabst unter dem Titel: »Lükko Leuchtturm« bekannt, erhältlich u. a. in der Tourist-Information.

In der Umgebung
Käsehof Rozenburg (▶ A 5):
Im Hofladen werden Rohmilchkäse aus Ziegen- und Kuhmilch, Butter, Milch und Quark, Ziegenfleisch und Honig verkauft. Man kann auch an Führungen durch die Käserei teilnehmen (4 km südl. von Pilsum, www.kaesehofladen.de, Mo–Fr 10–12, 14.30–18, Sa 9–12, 14.30–17, So 15–17 Uhr, im Winter nur Mo, Do–Sa; Führungen Oster-/Herbstferien, Juni–Okt. Di, Do 15 Uhr).

Kunst- und Kulturparadies Krummhörn
direkt 13 ▶ S. 103

Emden ▶ A/B 5

Ostfrieslands ›Tor zur Welt‹ (52 000 Ew.) liegt an der Mündung der Ems in den Dollart, zählt zu den bedeutendsten Seehäfen Deutschlands und ist einer der größten Autoverladehäfen Europas. Die großen Betriebe der Autoproduktion und die Schiffswerften findet man im Süden bzw. Südwesten der Stadt am Hafen, der immer im Mittelpunkt der bewegten Geschichte stand. Trotzdem ist Emden keine graue Industriestadt. Im Zweiten Weltkrieg zu 80 % zerbombt, wurde die Stadt auf dem Grundriss des mittelalterlichen Stadtkerns um den Hafen wieder aufgebaut. Historisches mischt sich auf liebenswürdige Weise mit Modernem. Die zu Beginn des 17. Jh. aufgeworfene Wallanlage umgibt die Altstadt und bietet inmitten des städtischen Trubels eine Oase der Ruhe.

Rathaus & Ostfriesisches Landesmuseum **1**
Brückestr. 1, Tel. 04921 87 20 58, www.landesmuseum-emden.de, Di–So 10–18 Uhr, 6 €
Das Rathaus am Delft ist Wahrzeichen der Stadt und entstand 1959–62 nach einem Entwurf von Bernhard Wessel, der die architektonische Gliederung des Renaissance-Vorgängerbaus berücksichtigte. Es birgt das Ostfriesische Landesmuseum, das anhand ▷ S. 106

13 | Kunst- und Kulturparadies – Radtour durch Krummhörn

Karte: ▶ A 5 | **Radtour:** Start und Ziel in Pewsum

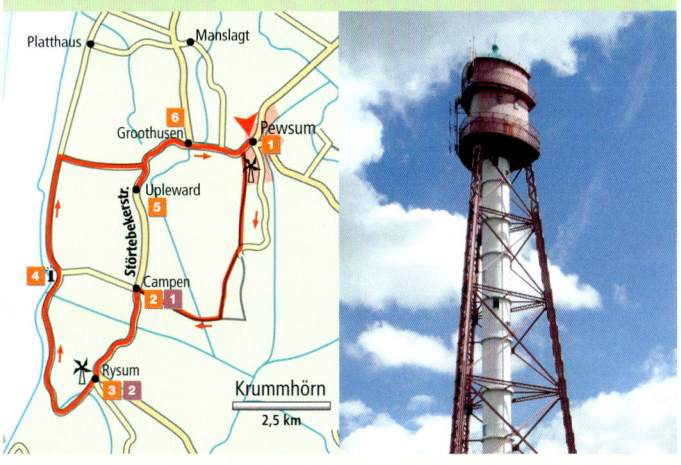

Getreidefelder ziehen sich bis zum Horizont, der gelbe Raps leuchtet weit, auf den Weiden grasen schwarzbunte Kühe… Der Radweg führt vorbei an Zeugen alter Häuptlingsherrlichkeit, idyllischen Warfendörfern, einem Leuchtturm á la Eiffel sowie Dorfkirchen, die eine kunstvolle Überraschung bereit halten.

Auf der Fahrt durch die Region Krummhörn lockt eine Vielfalt an Museen und kulturellen Einrichtungen. Gemütlich und nach eigenem Rhythmus gilt es alles zu erkunden. Die Tour nimmt ihren Anfang in **Pewsum** 1 einem bereits 945 erwähnten, netten kleinen Ort. Zu Beginn des 15. Jh. erkor ihn sich die einst mächtige ostfriesische Häuptlingsfamilie der Manninga zum Hauptsitz. In der Burg erfährt man viel über ihr Leben und Wirken sowie die Burgengeschichte. Das Mühlenmuseum in dem Galeriholländer von 1843 zeigt das Mühlenwesen und dokumentiert das ostfriesische Landleben sowie die Handwerkskunst des vorigen Jahrhunderts.

Warfendörfer und Gulfhöfe

Das Schild »Rad up Pad – Campen« weist auf stillen Seitenwegen gen Süden. Man genießt bequem die Aussicht beim Fahren, nirgends ist ein Berg zu überwinden. Über 1000 Jahre alt ist das bäuerlich geprägte Warfendorf **Campen** 2. Warfen – künstlich aufgeworfene Hügel – boten vor Beginn des Deichbaus Schutz vor den Sturmfluten. Eine schwarzbunte (Plastik)-Kuh weist unübersehbar den Weg zu den beiden typisch ostfriesischen Gulfhöfen. Solch stattliche Backsteinbauten findet man überall im ostfriesischen Marschland und sie wirken fast wie mächtige Residenzen. Wohn-, Stall- und Scheunenbereich sind unter einem Dach vereint. Den Mittelpunkt bildet der so genannte Gulf – ein vom Erdboden bis zum Dach hin offener hoher Raum zwischen vier Ständerbalken, der der Lagerung von Heu und Futtermitteln sowie der Unterbringung des Viehs diente. Heute ist in den denkmalgeschützten Häusern das Landwirtschaftsmuseum untergebracht, das mit seinen Maschinen und Gerätschaften ein Jahrhundert ostfriesische Landwirtschaft Revue passieren lässt. In der Dorfmitte erhebt sich die alte Friesenkirche von 1295. Beim Betreten der Einraumkirche wird man sogleich von dem Kuppelgewölbe gefangen, das reich mit Zierrippen und farbigen Bemalungen ausgestattet ist – einzigartig in Ostfriesland. Auch der seitwärts stehende, trutzige Glockenturm enthält eine Besonderheit: hier hängt Ostfrieslands älteste Glocke, noch aus dem Erbauungsjahr. Über Loquard geht es nach **Rysum** **3**. Der Ort gilt als das klassische Beispiel eines Warfendorfs. Die schmalen Straßen ziehen sich in drei Ringen um die Warf, sternenförmig gekreuzt von verschiedenen Gassen (Lohnen), die auf die Dorfmitte zuführen. So ähneln die einzelnen Grundstücke mit den Gulfhöfen einem Tortenstück. Die restaurierte Windmühle komplettiert das Bild eines malerischen Dorfes. Ein Blick von der Galerie über die hübschen Häuser in den blumengeschmückten Vorgärten bestätigt dies.

Orgelreicher Nordwesten

Kein anderes Land der Welt weist eine derart reiche Orgellandschaft auf wie die Ems-Dollart-Region zwischen dem niederländischen Groningen und Wilhelmshaven. In der Zeit der Reformation gingen viele Instrumente verloren, angeprangert als des ›Teufels Pfeifenstuhl‹. Doch schon im 17. Jh. entwickelte sich Hamburg als führendes Zentrum des Orgelbaus mit den bedeutenden Familien Scherer und Schnitger. Arp Schnitger wird unter anderem die Orgel in der Ludgeri-Kirche in Norden zugeschrieben (s. S. 90). Insgesamt sind in Ostfriesland rund 60 Orgeln aus der Zeit vor 1850 erhalten.

Rysums Schatz

Neben Backstein war Tuff ein wesentlicher Werkstoff beim Bau der Rysumer Kirche aus dem 15. Jh. Für den imposanten Bau schuf Meister Harmannus aus Groningen im Jahr 1457 eine wohl tönende Orgel. Der gotische Prospekt ist viergeteilt und mit filigranen Verzierungen geschmückt, seine Flügeltüren sind in zartem himmelblau gehalten, mit Sonne, Mond und Sternen bemalt. Die Orgel gilt nicht nur als eine der ältesten spielbaren Orgeln Nordeuropas, sie ist auch eine der wenigen auf der Welt, auf der man noch spätgotische Orgelmusik im Originalklang hören kann. Im Rahmen des Krummhörner Orgelfrühlings (s. S. 19) können Sie diesen Hörgenuss erleben. Der Burgweg führt von der Warf hinab an den Deich. Wer jetzt wogende Wellen erwartet, wird enttäuscht. Dafür erstreckt sich ausgedehntes Vorland bis zum Meer, auf dem viele Vogelarten ihre Rast- und Nistplätze haben.

Vom Eiffelturm des Nordens zum Strand ohne Wasser

Die nächsten Etappen halten recht ungewöhnliche Sehenswürdigkeiten bereit: Es geht – wieder Richtung Norden – zunächst immer auf dem Deich entlang, der in Höhe von Campens Wahrzeichen auf die Nordsee trifft. Der eigenwillige rote **Leuchtturm** **4** (s. Foto) wurde 1889 zeitgleich mit dem

Eiffelturm in Paris errichtet, seine Dreibein-Stahlkonstruktion erinnert auch äußerlich an den großen Bruder. Immerhin kann er sich dank seiner Höhe von 65,3 m mit dem Titel ›höchster Leuchtturm Deutschlands‹ schmücken. Der Aufstieg über das enge Treppenrohr und die 308 Stufen wird mit einem fantastischen Ausblick bis nach Emden und Holland belohnt. Fast in Sichtweite wartet als nächstes Highlight der **Trockenstrand von Upleward** 5 hinter dem Deich. Der 9000 m^2 große, fern des Nordseewassers künstlich angelegte Strand ist ein Publikumsmagnet. Auf der Minioase entbehrt man nichts: Strandkörbe, Kiosk, Solardusche, Beachvolleyballfeld, Abenteuerspielplatz und eine Bademöglichkeit jenseits des Deichs erwarten die Sonnenanbeter.

Bewahrte Vergangenheit

In Höhe Hamswehrum wendet sich der Weg ins Landesinnere, gesäumt von markanten, windgebeugten Bäumen, und führt nach **Groothusen** 6. Der im frühen Mittelalter an der inzwischen verlandeten Bucht von Sielmönken gegründete Handelsplatz erstreckt sich auf einer so genannten Straßenwarf. Der Ort wirkt im Gegensatz zu anderen Dörfern der Krummhörn etwas zersiedelt. Auch hier birgt die im 15. Jh. erbaute Kirche eine einzigartige Kostbarkeit: die älteste Bronzetaufe Ostfrieslands aus dem Jahr 1454, ein Werk von Meister Ghert Klinghe, der die Figuren der Kreuzigung Christi kunstvoll herausgearbeitet hat. Im Hintergrund erhebt sich auf der Empore die größte Orgel der Krummhörn. Johann Friedrich Wenthin schuf 1801 das in vornehmen Perlweiß und Gold gehaltene Instrument, auf der schon Organisten aus der ganzen Welt gespielt haben. Von längst vergangener ostfriesischer Häuptlingsmacht erzählt die Osterburg. Sie blieb als einzige von den ehemals drei Burgen des Ortes erhalten. Im Ahnensaal zeugen Bilder aus fünf Jahrhunderten von der ehemaligen Macht. Bis heute bewohnen Nachkommen der Häuptlingsfamilie die Burg. Der umliegende Park gehört zur Gartenroute Ostfriesland und ist frei zugänglich.

Öffnungszeiten

Pewsum: Manningaburg und Mühlenmuseum sind Teile des Ostfriesischen Freilichtmuseums, Tel. 04923 74 32, www.heimatverein-krummhoern. de, Mitte Mai–Mitte Okt. Di, Do 10–12.30, 15–17, Sa/So 15–17 Uhr, 1,50 € je Museum
Campen: Kirche Ostern–Herbstferien 9–18 Uhr; Ostfriesisches Landwirtschaftsmuseum: Krummhörner Landstraße, www.olmc.de, Mai–Okt. Di–Fr 10–17, Sa/So 10–13 Uhr, 3 €
Rysum: Windmühle 11–18 Uhr; Kirche 10–17 Uhr
Campener Leuchtturm: In der Saison Mo/Di, Do–Sa 14–16, So 11–16 Uhr

Upleward: Trockenstrand 11–18 Uhr
Groothusen: Osterburg, Tel. 04923 12 70, www.osterburg-groot husen.de, Besichtigung nach Vereinbarung, Schlosspark frei zugänglich

Essen und Trinken

Gasthaus Lütje Hörn 1: Campen, Ter-Beeks-Lohne 2, Tel. 04927 18 74 35, ab 11 €. Große Auswahl an Fisch- und Fleischgerichten, schöner Biergarten.
Café-Restaurant Landhaus HC Rysumer Plaats 2: Rysum, www.land haus-hc-rysumer-plaats.de, Mi Ruhetag, 10–20 €. Der schöne, denkmalgeschützte Gulfhof ist bekannt für leckere Pannekoeken.

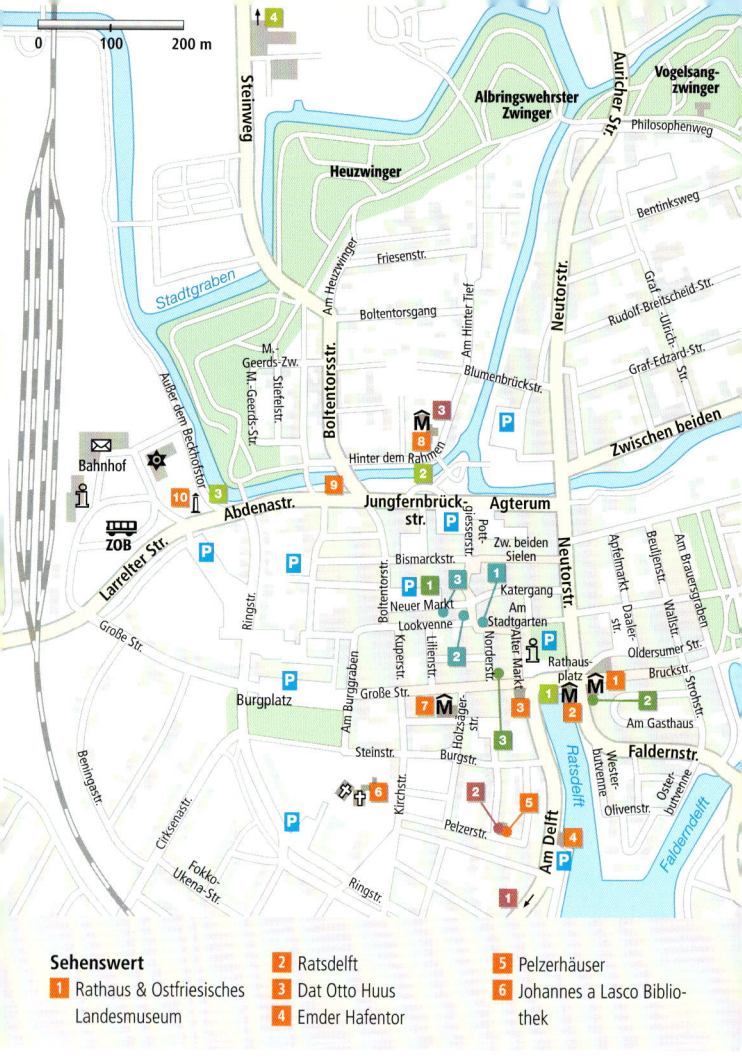

von alten Karten, Gold- und Silberhandwerk und der Malerei Einblicke in die Geschichte und Architektur Ostfrieslands und Emdens gewährt. In der berühmten Rüstkammer stehen Waffen für die Ausrüstung der Wehren aus Emdens goldener Zeit, Ende des 16. bis Anfang des 17. Jh., im Mittelpunkt. Vom Turm bietet sich ein wunderbarer Blick auf die Stadt.

Ratsdelft mit Museumsschiffen **2**

Im Ratsdelft, April–Okt., Eintritt pro Schiff, 2 €

Das historische Hafenbecken markiert die Stelle, an der zur Geburtsstunde Emdens vor rund 1200 Jahren die Ems verlief. Die drei Museumsschiffe sind von April bis Oktober geöffnet und kosten je 2 €: Das rote Feuerschiff Amrum-

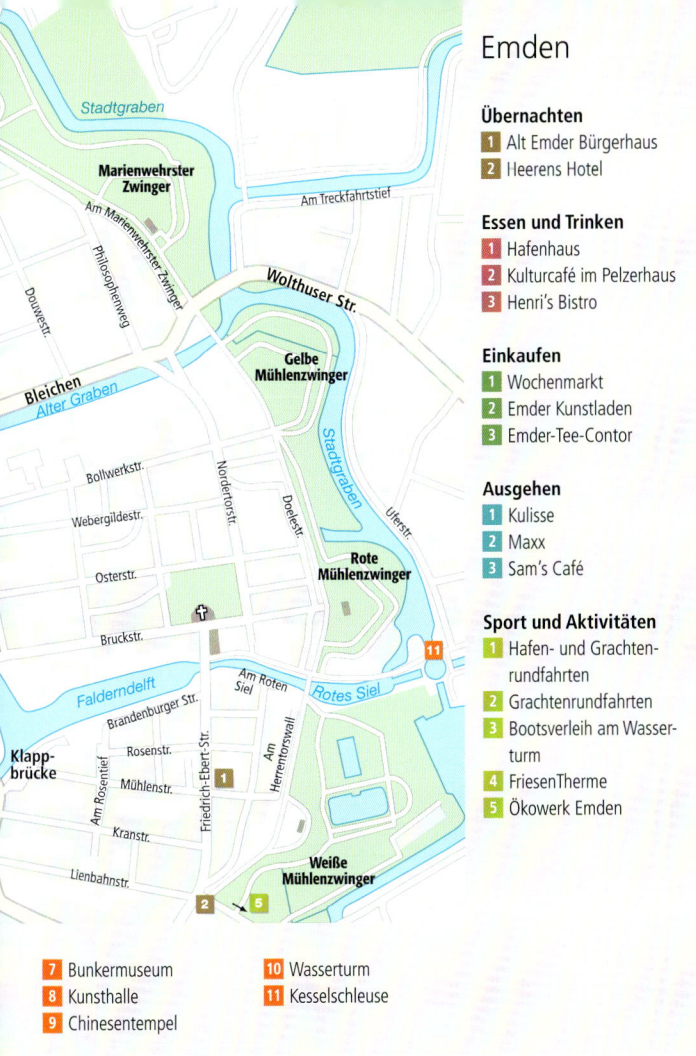

Emden

Übernachten

1 Alt Emder Bürgerhaus
2 Heerens Hotel

Essen und Trinken

1 Hafenhaus
2 Kulturcafé im Pelzerhaus
3 Henri's Bistro

Einkaufen

1 Wochenmarkt
2 Emder Kunstladen
3 Emder-Tee-Contor

Ausgehen

1 Kulisse
2 Maxx
3 Sam's Café

Sport und Aktivitäten

1 Hafen- und Grachtenrundfahrten
2 Grachtenrundfahrten
3 Bootsverleih am Wasserturm
4 FriesenTherme
5 Ökowerk Emden

7 Bunkermuseum
8 Kunsthalle
9 Chinesentempel
10 Wasserturm
11 Kesselschleuse

bank/Deutsche Bucht (Mo–Fr 11–16, Sa/So 11–13 Uhr, www.amrumbank. de) versah 65 Jahre lang seinen Dienst und beherbergt heute ein schifffahrtsgeschichtliches Museum sowie ein Restaurant. Der Seenotrettungskreuzer Georg Breusing (Ende Juni-Aug. tgl. 10.30–17, sonst 10.30–13, 15–16.30 Uhr, www.georg-breusing.de) hat 1672 Menschen aus Seenot gerettet. Der Herings-Segellogger (Mo–Fr 10–13, 15–17, Sa/So 11–13 Uhr, www. heringslogger.de) zeigt die große Zeit der Heringsfischerei.

Dat Otto Huus 3

Große Str. 1, Tel. 04921 221 21, www.ottifant.de, April–Dez. Mo–Fr 9.30–18, Sa 9.30–14, April–Okt. auch So 10–16 Uhr, 2 €

Ein museales Schmunzelkabinett, das die Karriere des berühmten Ostfriesen Otto Waalkes dokumentiert. Im Erdgeschoss des Hauses wird allerlei Ottifanten-Schnickschnack zum Verkauf angeboten.

Emder Hafentor 4

Am Westufer des Ratsdelft weist das 1635 im niederländischen Stil errichtete Tor auf die Einfahrt in den historischen Hafen hin.

Pelzerhäuser 5

Pelzerstr. 11 und 12, Tel. 04921 87 20 58, www.landesmuseum-emden.de, Di, Mi, Fr, Sa/So 11–18 Uhr, frei

Die Pelzerstraße war vom 12. bis zum 16. Jh. Standort der Pelz- und Fellhandelshäuser. Die Pelzerhäuser (1570/1585) sind im Bereich der Altstadt das einzige vom Bombenhagel verschonte Beispiel flämisch-niederländischer Ar-

chitektur. Heute beherbergt es ein Kulturzentrum mit Wechselausstellungen sowie ein Café (s. u.).

Johannes a Lasco Bibliothek 6

Kirchstr. 22, Tel. 04921 915 00, www.jalb.de, Mo–Fr u. So 14–17 Uhr, So nur April–Okt., 4 €, Führungen So 14.30 Uhr, zzgl. 1 €

Im Kirchenschiff der wieder aufgebauten Moederkerk (Mutterkirche) der calvinistischen Gemeinde Nordwesteuropas ist eine wissenschaftlich-theologische Bibliothek für den reformierten Protestantismus untergebracht sowie die Regionalbibliothek für Emden und Ostfriesland. Die Backsteinruine, eingebunden in die moderne Architektur, strahlt eine beeindruckende Atmosphäre aus. Ein Besuch lohnt sich in jedem Fall, nicht nur zu Konzerten mit einer hervorragenden Akustik.

Johannes a Lasco Bibliothek – alten Mauern und moderne Architektur

Bunkermuseum 7

Holzsägerstr. 6, Tel. 04921 322 25, www.bunkermuseum.de, Mai–Okt. Di–Fr 10–13, 15–17, Sa/So 10–13 Uhr, 2 €
Eindrucksvolle Darstellung der Zeit des Nationalsozialismus und der Folgen des Zweiten Weltkriegs.

Kunsthalle 8

direkt 14 S. 110

Übernachten

Stilvoll – **Alt Emder Bürgerhaus 1**: Friedrich-Ebert-Str. 33, Tel. 04921 97 61 00, www.buergerhaus-emden.eu, DZ 78–89 €. Schöne Zimmer in einem familiär geführten, renovierten Jugendstilhaus. Im Restaurant gibt es ostfriesische Spezialitäten – überwiegend Fisch, ab 14.80 €.

Grün vor der Tür – **Heerens Hotel 2**: Friedrich-Ebert-Str. 67, Tel. 04921 237 40, www.heerenshotel.de, DZ 95–103 €. Komfortables und stilvolles Hotel mit viel Flair, zentral und ruhig am Stadtwall gelegen.

Essen und Trinken

Mit den ersten Sonnenstrahlen im Frühjahr kommt Boulevardstimmung in den Fußgängerzonen zwischen dem Ratsdelft und den Märkten auf.

Am Wasser gebaut – **Hafenhaus 1**: Promenade Am Alten Binnenhafen 8, Tel. 04921 689 56 90, www.hafenhaus.com, 10–23 €, Mittagstisch um 6 €. Restaurant und Café mit einer festen Steganlage, die attraktive Sitzgelegenheiten auf dem Wasser bietet.

Sehr freundlich – **Kulturcafé im Pelzerhaus 2**: Pelzerstr. 12, Di–So 11–18 Uhr, Tel. 04921 948 87 27. Teestube, Kaminzimmer und Schifferstube. Hausgemachter Kuchen und leckere, frisch zubereitete, kleine Gerichte, leckeres Frühstücksangebot.

Einkaufen

Vom Bauernhof – **Wochenmarkt 1**: Neuer Markt, Di, Fr, Sa 8–13 Uhr.

Besondere Souvenirs – **Emder Kunstladen 2**: Laden im Landesmuseum, Öffnungszeiten s. dort. Regionales Kunsthandwerk, Filme, Bücher und schöne Ansichtskarten.

Alle Sorten – **Emder-Tee-Contor 3**: Große Str. 5, Tel. 04921 39 83 22. Hier kann man der Nase nach kaufen, Tee aus großen Dosen zum Erschnuppern und Teezubehör.

Ausgehen

Viele nette Kneipen liegen im Bereich Zwischen beiden Märkten und am Neuen Markt. Beliebte Szene-Kneipen sind die **Kulisse 1** und das **Maxx 2**, das samstags Livemusik bietet.

Symphatisch – **Sam's Café 3**: Neuer Markt 20, ab ca. 9 Uhr bis in die Nacht. American Bar und Bistro, hier wird stets Rockmusik gespielt, vormittags gibt's ein Frühstückscafé, die Discothek Mozo liegt im ersten Stock, Mi, Fr, Sa von 21 bis 6 Uhr.

Sport und Aktivitäten

Am Puls – **Hafenrundfahrten 1**: Ab Delfttreppen, über das Touristik-Büro oder am Schiff, April–Okt, tgl. (bei genügend Teilnehmern) (11), 12, 13, 14, 15, 16 Uhr, 6,90 €, 1 Std. Man erhält Einblick in das Wirtschaftsleben von Emden mit Werften, Schleusen und Verladepunkten.

Romantisches Emden – **Grachtenfahrten 2**: s. S. 110

Tretboote und Kanus – **Bootsverleih am Wasserturm 3**: Tel. 04923 12 02 oder 0170 442 23 10, www.bootsverleih-emden.de.

Wellness – **FriesenTherme 4**: Theaterstr. 2, Tel. 04921 39 60 00, www.friesentherme-emden.de, tgl. 10–21, Mo–15 Uhr. 5,50 €, Sauna ▷ S. 112

14 | Malerische Perspektiven – Kunst und Grachten

Cityplan: S. 106 | **Start:** Kunsthalle Emden

Der Standort für eine Kunsthalle hätte kaum besser gewählt werden können. Die Adresse lautet: Hinter dem Rahmen! Das Haus der Begegnung zwischen Bürgern und Bildern macht neugierig und passt sich zugleich wunderbar der Umgebung an. Neben rot dominiert das grüne Emden, das man auf einer Grachtenfahrt kennen lernt.

Symbiose von Kunst und Architektur

Die **Kunsthalle** 8 , eine Stiftung von Eske und Henri Nannen, Gründer und langjähriger Chefredakteur des Stern, ist weit über die Landesgrenzen hinaus bekannt. Der Zugang von der Stadt aus, über die Holzbrücke und die als Skulpturenpark neu angelegte Grünfläche »Hahnsche Insel« wirkt äußerst einladend. Die Klinkerarchitektur lässt viel Licht von oben hinein und zusammen mit dem großzügigen, gläsernen Foyer strahlt das Gebäude eine gewisse Transparenz aus.

Kunst für Jedermann

Lag es ihm im Blut – immerhin baute der Vorfahre W. Nannen 1798 das Entwässerungssiel in Greetsiel – oder war es der lang gehegte Kunst-Traum, der Henri Nannen zu seinem 70. Geburtstag veranlasste, seinen Bildern ein Haus zu bauen, gerade in seiner Heimatstadt?

Seine Bilder – sie sind eine einzigartige Sammlung mit Werken deutscher Expressionisten und Neuer Sachlichkeit. Erich Heckel, Alexej von Jawlensky und Gabriele Münter bildeten das Herzstück; Paula Modersohn-Becker, Emil Nolde und Karl Schmidt-Rottluff gaben die norddeutsche Note. Es folgten Arbeiten von ›Brücke‹-Malern und der Gruppe ›Blaue Reiter‹ sowie die vom Ersten Weltkrieg geprägten Künstler der

Neuen Sachlichkeit, etwa Otto Dix, Karl Hofer oder Alexander Kanoldt.

Immer waren es einzelne, bestimmte Werke, die ihn interessierten, die Emotionen jedweder Art in ihm auslösten, und das spürt auch der Betrachter bei jedem Exponat. Sei es der jungendliche Überschwang der »Blauen Fohlen« von Franz Marc oder die erschreckende, realistisch dargestellte »Augenoperation« von Hanns Ludwig Katz.

Die Schenkung des Münchner Galeristen Otto van de Loo mit über 200 Werken der Gruppen CoBrA und SPUR und des Informel schloss die einstige Lücke von der Modernen Malerei bis zu den Arbeiten der Neuen Wilden, etwa A. R. Penck, Marcus Lüpertz oder Georg Baselitz.

Eine romantische Grachtenfahrt

Erfüllt von so vielen bunten Eindrücken, kann man sich zur Erholung durch die grünen, parkartigen Gartenlandschaften der alten Wallanlage schippern lassen. Der **Anleger der Grachtenboote** **2** befindet sich gleich unterhalb der Kunsthalle. Während einer einstündigen Rundfahrt mit dem MB Schreyershoek lernt man überraschend malerische Aspekte der Stadt kennen.

Wie durch ein grünes Tor – die Bäume von beiden Uferseiten berühren sich fast – passiert man den **Chinesen-tempel** **9** mit seinem auffallenden Hut-Dach, in dem Jörn Peter Haut sein Schmuckatelier betreibt (April–Okt., Di–So 11–17 Uhr) und sieht die ›Beine‹ des fotogenen **Wasserturms** **10** von 1910/11, der auf 260 Pfählen von 15 m Länge gegründet ist.

Immer wieder scheint sich das flache Grachtenboot zu ducken, wenn die alten Backstein-Brücken unterfahren werden müssen, Boote der Paddel- und Pedal-Station oder des Segelvereins Neptun gleiten vorbei.

Langsam ist die 1884 erbaute **Kesselschleuse** **11** erreicht, der Wendepunkt der Fahrt. Die Anlage, die jährlich rund 4000 Schiffe befahren, ist Europas einzige in Betrieb befindliche Vierkammerschleuse. Sie verbindet vier Wasserwege mit unterschiedlich hohen Wasserständen: den Ems-Jade-Kanal, den Stadtgraben, das Fehntjer Tief und den Falderndelft.

Auf dem Rückweg ziehen stattliche **Emder Bürgerhäuser** vorbei, fast alle mit eigenem Bootssteg, und plötzlich steht ein Reiher am Ufer. Man muss schon mehrmals nachsehen, ob er wirklich echt ist.

Viel zu schnell taucht der Anleger Kunsthalle wieder auf. Aber es winken Kaffee und leckerer Kuchen auf der Terrasse von **Henri´s Bistro** **3** – ein wunderbarer Platz zum Verweilen und Schauen.

Infos

Kunsthalle: Hinter dem Rahmen 13, www.kunsthalle-emden.de, Di–Fr 10–17, Sa/So/Fei 11–17 Uhr, 8 €; jeden 1. Di im Monat bis 21 Uhr, ab 17 Uhr 4 € Eintritt; Führung Kunst für Kinder So 11 Uhr, Führung für Erwachsene So 11.30 Uhr
Grachtenfahrt: AG Ems, Tickets Tel. 01805 18 01 82, www.ag-ems.de, April–Okt. Fr, So 13.30 Uhr, ab/an Kunsthalle 1 Std., Erw. 7 €, Kinder 3 €, Familie 15,50 €

Essen und Trinken:

Henri´s Bistro: Hinter dem Rahmen 5a, Di–So 9–18 Uhr, www.henri-s.com. Vielfältige Frühstücks-Angebote, Bistroküche mit Flammkuchen und Pizza (um 6 €).

16 €. Familienspaß mit großem Saunagarten und Wellnesangebot.

Grüne Oase – **Ökowerk Emden** `5`: Kaierweg 40a, Tel. 04921 95 40 23, www.oekowerk-emden.de, Mai–Okt. Mo–Do 7–17, Fr 7–12.30, sonst Mo–Do 8–15.30, Fr 7–12.30 Uhr. Ein Erlebniszentrum für Natur und Umwelt mit Kräuterspirale und Färbergarten. Es gibt Antworten auf Alltagsfragen: Wie backt man Brot, was ist im Quark, wie entsteht Honig, wozu dienen Solarzellen?

Infos und Termine

Tourist-Information: Bahnhofsplatz 11, 26721 Emden, Tel. 04921 974 00, www.emden-touristik.com. Mo–Fr 8–18, Sa 10–16, April–Okt. auch So 11–15 Uhr; im Pavillon: Alter Markt 2a, am Stadtgarten, Mo–Fr 10–18, Sa 10–14 Uhr.
Bahn: Direktverbindung mit vielen Großstädten.
Bus: Regelmäßige Verbindung nach Greetsiel, Norden und Aurich, www.weser-ems-bus.de
Emder Matjestage: Drei Tage Mai/Juni, s. S. 19
Internationales Filmfest: Im Juni, s. S. 19
Delft- und Hafenfest: Juli. Buntes Treiben rund um den Ratsdelft mit vielfältigem Kinderfest und abwechslungsreichen Bühnendarstellungen.
Engelkemarkt: 23. Nov.–23. Dez. Schwimmender Weihnachtsmarkt im Ratsdelft mit festlich beleuchteten Museumsschiffen.
Internationales Emder Nordsee Bluesfestival: Nov. (s. S. 19).

In der Umgebung

Zwischen Emden und Aurich liegen das **Ewige Meer** und das **Große Meer**, ein Museum informiert über das entbehrungsreiche Leben der Moorkolonisten (`direkt 15!` S. 113).

Borkum ► A 1

Die westlichste und größte Ostfriesische Insel, 50 km vom Festland entfernt, kann mit Hochseeklima werben. Vom Fähranleger zuckelt die **Inselbahn** 7,5 km durch Watt, Heide und Dünen ins Zentrum. Wer die ganze Insel erkunden möchte, kann sich beim Bahnhof ein Fahrrad leihen.

Vom Bahnhof folgt man am besten der Bismarckstraße zur Strandpromenade an der offenen Nordsee. Schräg gegenüber vom hübschen **Musikpavillon** liegt die **Kurhalle am Meer** mit vielen Restaurants und Cafes und Aussicht auf den Sandstrand. Zwei Leuchttürme gewähren Fernsicht über Insel und Meer: An der Strandstraße steht der **Neue Leuchtturm** (April–Okt. tgl.). Im alten Dorfkern scharen sich geduckte Friesen- und Fischerhäuschen um den **Alten Leuchtturm** von 1576. Gartenzäune aus verwitterten Walkinnladen erinnern an die große Zeit des Walfangs im 18. Jh. Zwei Walrippen bilden den Eingang zum **Heimatmuseum Dykhus** (Roelof-Gerritz-Meyer-Str., in der Saison Di–So 10–17 Uhr). Wander- und Radwege sowie eine Autostraße führen gen Osten, vorbei an den vogelreichen Feuchtgebieten **Waterdelle** und **Tüskendör**, zu den Bauernhöfen im **Ostland.** In zwei Lokalen mit großer Gartenterrasse werden Ausflügler bewirtet.

Infos

Tourist-Information Borkum: Am Georg-Schütte-Platz 5, gegenüber dem Bahnhof, 26757 Borkum, Tel. 01805 80 77 90 (0,14 €/Min.), www.borkum.de.
Fährverbindung: Reederei AG Ems, Tel. 01805 18 01 82 (0,14 €/Min.), www.ag-ems.de, tideunabhängig ab Emden (mit Auto) je nach Saison 2–6 x tgl., Fahrtdauer 130 Min.; Katamaran in der Saison 1–4 x tgl., 60 Min.

15 | Karges Leben im Naturparadies – Meer und Moor

Karte: ▶ B/C 4/5 | **PKW-Ausflug:** Start in Eversmeer, nördl. von Aurich

Unterschiedlicher könnten die Eindrücke an einem Tag nicht sein: Am Ewigen Meer genießt man Idylle und Natur pur, im Moormuseum bedrückt das entbehrungsreiche Leben der einstigen Moorkolonisten und am Großen Meer lockt neben der Natur eine Fülle moderner Freizeitangebote.

Wenn Ostfriesen von der See sprechen, meinen sie das Meer – die im moorigen Binnenland gelegenen Seen aber nennen sie ›Meere‹. Zu Beginn des 19. Jh. gab es in Ostfriesland weit mehr als einhundert solcher Meere, heute nur noch etwa ein Dutzend. Zu den eindruckvollsten gehören das Große und das Ewige Meer, wahre Naturparadiese.

Auf dem Moorlehrpfad

Von **Eversmeer** aus ist der Weg ausgeschildert zum Parkplatz am Naturschutzgebiet **Ewiges Meer** **1** mit einem der schönsten und größten Hochmoorseen Deutschlands.

Ein Bohlenrundweg an dessen Nordseite führt etwa 1,8 km durch die unberührte, stille Moorlandschaft. Frühmorgens, im zeitigen Frühjahr und im Winter ist man dort ganz allein und wähnt sich in einer verzauberten Märchenwelt. Aber auch in der übrigen Zeit zieht der außergewöhnliche Naturraum mit der einzigartigen Flora den Betrachter in seinen Bann.

Bildtafeln auf dem Moorlehrpfad vermitteln viel Wissenswertes über das Hochmoor, wobei Frage- und Antwort-Spiele sowie Klapp- und Drehelemente auch Kinder fesseln. Holzbänke laden zum Verweilen ein mit Blick auf die weite Wasserfläche oder die Hochmoorlandschaft mit blühender Heide, fleischfressendem Sonnentau oder Wollgras. Vielleicht hat man Glück und entdeckt die seltene Trauerseeschwalbe, die grün-lilafarbene Mosaikjungfer oder den Moorfrosch.

Über dem Grundwasser

Solche Hochmoore entstanden in der Nach-Eiszeit bei noch kühler und feuchter Witterung. In Bodendellen und Rinnen staute sich das Schmelzwasser über einer wasserundurchlässigen Erdschicht im Untergrund. Es siedelte sich Vegetation an, die fortan vom Regenwasser abhängig ist, d. h. sie muss mit wenigen Nährstoffen auskommen.

Das genügsame Torfmoos ist daher die vorherrschende Pflanze, die an der Wasseroberfläche ständig weiter wächst, während die unteren Pflanzenteile bereits absterben. Durch das steigende Gewicht der Moosdecke werden sie zusammen gepresst – es entsteht Torf, im Jahr etwa 1 mm!

Moorauge

Der flache Hochmoorsee (0,90–3,50 m) hat sich durch das Aufeinanderstoßen dreier Hochmoorkörper mit typisch konvexer Oberfläche gebildet. An den Nahtstellen wurde so das Abfließen des Regenwassers gestoppt. Die große Wasserfläche und die ständige Wasserbewegung verhinderten das Festsetzen der Moose – der See ohne Schilf- und Röhricht-Zone, das ›Wimpernlose Moorauge‹ entstand.

Nichts rührt sich in diesem See, keine Fische, Muscheln oder Krebse, nur die Schwimmkäfer paddeln durchs Wasser.

Das Museum der Armut

In Moordorf, etwa 14 km weiter südlich, erhält man einen anderen Blick auf diese vermeintliche Idylle: Das **Moormuseum** 2 demonstriert die kargen Wohn- und Lebensbedingungen der ersten Moorkolonisten. Den Grundstein zur Moorkultivierung legte Preußenkö-

nig Friedrich der Große mit dem Urbarmachungs-Edikt von 1765.

Im Gegensatz zu den reichen Marschbauern fristeten die ostfriesischen Landarbeiter ein extrem hartes Leben. Die vielzitierte friesische Freiheit galt ausschließlich für die besitzende Bauernschicht. Um in Freiheit leben und arbeiten zu können, siedelten sich daher viele Landarbeiter in Moorgegenden an; doch zu welchem Preis: »Den ersten der Tod, den zweiten die Not, den dritten das Brot«.

Von Mai bis September kann man an den Aktionstagen des Museums (Di, Do, So) alte Arbeitstechniken kennenlernen, die einst für das Leben in diesem Landstrich unentbehrlich waren. Dazu gehören Mattenflechten, Lehmbau und Schmiedehandwerk.

Plaggen, Soden und Lehm

Verstreut auf dem Museums-Gelände liegen ein Torfstich und ein Setzfeld zum Trocknen der Torfstücke sowie die Behausungen der Torfstecher. Betritt man die engen, dunklen Plaggen- und Sodenhütten der ersten Stunde, wird man ganz sprachlos über solch entsagungsvolles Leben. Dagegen wirken die Lehmhütten mit dem festen Boden, dem Kamin und der Schlafnische schon fast komfortabel.

Solche Lehmhütten, z. T. mit Backsteinen ummauert, prägten noch Anfang der 1950er-Jahre das Bild Moordorfs. 1767 gegründet, gehörte es bald zu den kinderreichsten und zugleich ärmsten Dörfern Deutschlands. Auf dem nährstoffarmen Boden wuchs kaum mehr als Buchweizen. Zusätzlich musste nach fünf Jahren der ausgelaugte Moorboden einige Jahrzehnte brachliegen, um sich zu regenerieren. Das zugeteilte Land erwies sich daher als viel zu klein, um eine Familie zu ernähren. Erst gegen Ende des 19. Jh., als einige

Moorbewohner im Emder Hafen eine Arbeitsstelle fanden, begann sich die Lage zu bessern.

Kinderstube für Vögel

Etwa 10 km von Moordorf entfernt liegt das größte noch erhaltene Binnenmeer Ostfrieslands. Der nördliche Teil des **Großen Meeres** 3 ist Landschaftsschutzgebiet, der südliche Teil ist als Naturschutzgebiet ausgewiesen. Im verschilften Uferbereich des Nieder-moorsees, der in weiten Teilen nicht tiefer als 1 m ist, brüten viele selten gewordene Sumpf- und Wasservögel wie der Schilfrohrsänger oder die Sumpfohreule. Für Zugvögel – Graugänse, Enten und Singschwäne – ist das Meer ein wichtiges Rastgebiet.

Ein völlig anderes Bild präsentiert sich am nordöstlichen Seeufer bei **Bedekaspel.** Hier befindet sich ein beliebtes Erholungsgebiet mit Möglichkeiten zum Angel- und Wassersport.

Infos

Planung: Da die einzelnen Aufenthalte einige Zeit in Anspruch nehmen und die Tour keine Rundtour ist, empfiehlt es sich, mit dem Auto zu fahren.
Moormuseum Moordorf: Victorburer Moor 7a, April–Okt. tgl. 10–18, Winter So 11–16 Uhr, www.moor museum-moordorf.de, 3, 50 €

Essen und Trinken

Teestube Kluntjehus 1: Im Moormuseum. Es gibt leckeren Kuchen oder süße und herbe Pfannekuchen.

Freizeitaktivitäten

Bei **Bedekaspel** gibt es Boots- und Fahrradverleih, Spiel- und Bolzplätze sowie Einkehrmöglichkeiten.

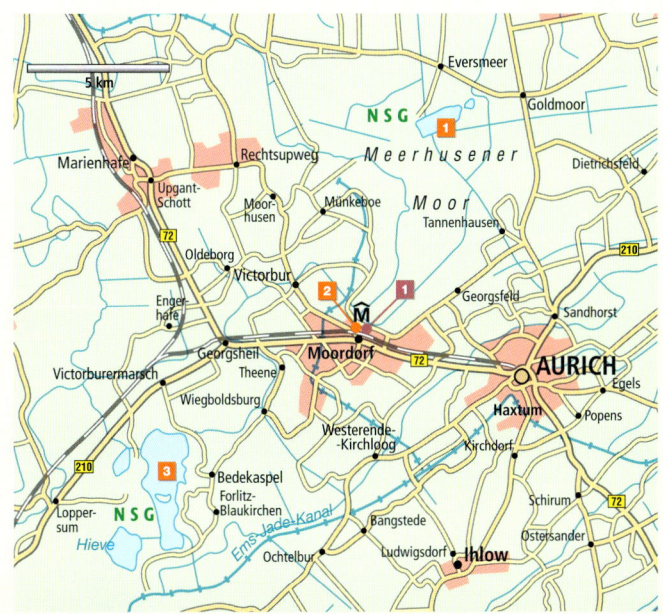

Register

Register

Das Klima im Blick

atmosfair

Reisen bereichert und verbindet Menschen und Kulturen. Wer reist, erzeugt auch CO_2. Der Flugverkehr trägt mit einem Anteil von bis zu 10 % zur globalen Erwärmung bei. Wer das Klima schützen will, sollte sich für eine schonendere Reiseform (z. B. die Bahn) entscheiden – oder die Projekte von *atmosfair* unterstützen. *Atmosfair* ist eine gemeinnützige Klimaschutzorganisation. Die Idee: Flugpassagiere spenden einen kilometerabhängigen Beitrag für die von ihnen verursachten Emissionen und finanzieren damit Projekte in Entwicklungsländern, die dort den Ausstoß von Klimagasen verringern helfen. Dazu berechnet man mit dem Emissionsrechner auf *www.atmosfair.de*, wie viel CO_2 der Flug produziert und was es kostet, eine vergleichbare Menge Klimagase einzusparen (z. B. Berlin – London – Berlin 13 €). *Atmosfair* garantiert die sorgfältige Verwendung Ihres Beitrags. Klar – auch der DuMont Reiseverlag fliegt mit *atmosfair!*

Unterwegs mit Nicoletta Adams und Claudia Banck

Nicoletta Adams (li.) arbeitete als promovierte Geologin in Deutschland, in Ecuador und auf Santorin. Nach einem beruflich bedingten Umzug lernte sie jedoch den Norden Deutschlands kennen und lieben. Ihre Begeisterung für nahe und ferne Länder, deren Geologie, aber vor allem deren Menschen, Geschichte und Geschichten verbindet sich ideal mit dem Schreiben von Reiseführern. Die Historikerin und Skandinavistin Claudia Banck (re.) ist in Schleswig-Holstein aufgewachsen. Nach vielen Wander- und Studienjahren kehrte sie nach Norddeutschland zurück und lebt heute mit ihrer Familie in Mecklenburg-Vorpommern. Als freischaffende Autorin ist sie dem Norden immer treu geblieben.

Abbildungsnachweis

Nicoletta Adams, Bremen: S. 4/5, 11, 86, 91,103, 113, 120 li.

DuMont Bildarchiv, Ostfildern: S. 7, 15, 31 (Marczok); 28/29, 54, 56, 60, 66, 68, 85, 88, 90, 99, 108, Umschlagrückseite (Schulz)

laif, Köln: S. 101 (Arlt); 13, 17, 44, 45, 46, 50, 74 (Babovic); 110 (Haenel); Umschlagklappe vorn, 80, 94, 97, 98 (Kirchner); 62 (Lengler);Titelbild, 9, 41, 78 (Linkel)

Michael Stolle, Sukow: S. 120 re.

Kartografie

DuMont Reisekartografie, Fürstenfeldbruck

© DuMont Reiseverlag, Ostfildern

Umschlagfotos

Titelbild: Weiße Düne, Norderney

Umschlagklappe vorn: DLRG-Station auf Spiekeroog

Hinweis: Autorinnen und Verlag haben alle Informationen mit größtmöglicher Sorgfalt geprüft. Gleichwohl sind Fehler nicht vollständig auszuschließen. Alle Angaben erfolgen ohne Gewähr. Bitte, schreiben Sie uns! Über Ihre Rückmeldung zum Buch und Verbesserungsvorschläge freuen sich Autorinnen und Verlag: **DuMont Reiseverlag,** Postfach 3151, 73751 Ostfildern, info@dumontreise.de, www.dumontreise.de

1. Auflage 2011
© DuMont Reiseverlag, Ostfildern
Alle Rechte vorbehalten
Redaktion/Lektorat: Heike Pasucha
Grafisches Konzept: Groschwitz/Blachnierek, Hamburg
Printed in Germany